Universale Economica Feltrinelli

CHARLES BUKOWSKI
IL GRANDE
Poesie III

Testo originale a fronte
Traduzione di Enrico Franceschini

Feltrinelli

Titolo dell'opera originale
BONE PALACE BALLET: NEW POEMS
(parte terza)
Copyright © 1997 by Linda Lee Bukowski

Traduzione dall'inglese di
ENRICO FRANCESCHINI

© Giangiacomo Feltrinelli Editore Milano
Prima edizione nell'"Universale Economica" gennaio 2002
Terza edizione gennaio 2007

ISBN 978-88-07-81676-5

Al dottor Ellis

THE BIG GUY DOESN'T HAVE ME
OUT OF HERE YET

IL GRAND'UOMO NON MI HA ANCORA FATTO FUORI

the new homeless

I've
been driving down this tree-lined Street for
12 years or so
on my way to wherever, past
the rich homes, the pony trails, past
the lush smell of money and
security.
but now
in these strangest of times,
parts of the structure suddenly
topple,
taking with it some of the modestly
rich
on a long
dark ride.
others remain untouched,
but in today's newspaper I read
that some of these 850,000 dollar homes
have been built over a land-
fill.
driveways are cracking,
back yards are sinking,
houses are tilting, walls and
foundations are cracking,
there are loud explosions in the
night.
there are sink-holes in the ground
from which emanate
stinking gasses which may

saranno
12 anni
che guido lungo questo viale alberato
diretto dovunque,
sfrecciando davanti alle case dei ricchi,
alle piste dei pony,
all'odore sensuale
di soldi e certezze.
ma adesso,
in questo tempo incerto,
d'improvviso
parti del quadro
vacillano,
trascinando via
qualcuno dei meno ricchi
verso una lunga
corsa
oscura.
altri restano intatti,
ma oggi ho letto sul giornale
che alcune di queste case da 850.000 dollari
furono costruite sopra
un terrapieno.
davanti i cortili s'incrinano,
di dietro sprofondano,
le case si inclinano,
si riempiono di crepe
pareti e fondamenta,
di notte rimbombano
boati.
si aprono buche nel terreno
da cui emanano
gas puzzolenti

be poisonous and
explosive.
the trees are dying and
nothing will grow in the
yards.
the homes are un-
salable
but still taxed at the
former level.
even the pony trails are
sagging, dangerous.
the horses stay in their
collapsing stables...

these were the people
who thought they had
beat
the system,
made the educated and
intelligent
choices.

now, they are
finished.
and the builders and the
realtors
who swindled them
are long
gone
to safer, richer
climes.

America the beautiful
suddenly turned
ugly.
time after time,
in life after life,
in way after way,
some will
always be
classically
screwed.

forse velenosi
e esplosivi.
muoiono gli alberi
e nei giardini
non cresce più niente.
le case sono
invendibili
ma le tasse restano
quelle di prima.
persino le piste dei pony
sono afflosciate
e pericolose.
i cavalli rimangono
dentro le stalle cadenti...

questa era gente
che pensava di avere
sconfitto
il sistema.
fatto la mossa saggia
e giusta.

ora, loro
sono finiti.
mentre costruttori
e agenti immobiliari
che li hanno imbrogliati
sono volati
da un pezzo
verso climi
più salubri e redditizi.

il Sogno Americano
di colpo è
un incubo.
volta dopo volta,
vita dopo vita,
in un modo come un altro,
qualcuno sarà
sempre
il classico
fottuto.

the mail

the mail gets heavier.
more and more letters telling me
what a great writer I
am,
plus poems, novels, novelettes,
short stories, paintings.
some just want an autograph,
a drawing, a word.
others suggest an ongoing
correspondence.

I read everything, dump every-
thing, go about my
business.

I am aware that no man is
a "great" writer.
he may have been a
great writer,
but it's a process which
begins again and over
again
and all the praise,
the cigars, the bottles of
wine sent in
honor
will not get the next
line down,
and that's all that counts,
the past is
useless
now is in the laps of

la posta aumenta.
lettere su lettere per dirmi
che grande scrittore
che sono,
e poesie, romanzi, novelle,
racconti, ritratti.
qualcuno chiede solo un autografo,
un disegno, una parola.
altri propongono una corrispondenza
permanente.

io leggo tutto, butto tutto,
faccio i miei
affari.

so bene che nessuno è
un "grande" scrittore.
può esserlo
stato,
ma scrivere è un'impresa
che ricomincia da capo
ogni volta
e tutti gli elogi,
i sigari, le bottiglie
di vino inviate
in tuo onore
non garantiscono
come sarà la riga successiva,
e soltanto quella conta,
il passato è
inutile,
siede sulle ginocchia

the gods
as the centuries fall
away
in their rotten
swift
luxury.

degli dei
mentre i secoli
svaniscono
nel loro marcio
celere
sfarzo.

killing life

minor and trivial complaints,
constantly aired,
might drive a saint mad,
let alone a common good
old boy (me).
and worse, those who
complain
are hardly aware they do it
unless finally told
and even finally told
they don't believe it.
and so nothing leads
anywhere
and it's just another day
wasted,
kicked in the ass,
mutilated
while the Buddha
sits in the corner
smiling.

lamentele infime e triviali,
costantemente ripetute,
possono far ammattire un santo,
per tacere di un bravo ragazzo
qualunque (me).
e il peggio è che chi
si lamenta
nemmeno si accorge di farlo
a meno che non glielo dici
e perfino se glielo dici
non ci crede.
e così non si conclude
niente
ed è solo un altro giorno
sprecato,
preso a calci,
mutilato
mentre il Buddha
siede nell'angolo
e sorride.

wait, it will find us

a day at the track,
followed by a swim in the
pool,
followed by 5 minutes in the
spa,
followed by a shower,
followed by opening the mail
(not very interesting
mail)
then the good wife
recounts some portion of
her day,
the seven cats greet me
one by one
and the evening has
begun.

from original hell to this.
can I bear
it?
can you?

don't worry,
hell will return, grown
stronger,
it will find me
again
older, fatter
and I will report the
matter to you,
dear reader,

una giornata alle corse,
seguita da un tuffo
in piscina,
seguito da 5 minuti
nella sauna,
seguita da una doccia,
seguita dalla lettura della posta
(non molto interessante)
poi la mogliettina
racconta qualcosa della sua
giornata,
i miei sette gatti mi accolgono
uno alla volta
e la serata
comincia.

dal puro inferno a questo.
riuscirò a sopportarlo?
ci riuscireste voi?

ma non preoccupatevi,
l'inferno tornerà,
rinvigorito,
mi troverà
di nuovo
più vecchio, più grasso
e io ti farò rapporto,
caro lettore,

*in the fashion that
you have become
accustomed
to.*

nello stile a cui
ti sei
abituato.

the x-factor

pain in back, feel bloated, should cut my
toenails,
smoking here
past midnight,
radio turned low,
warm night,
I have my view of the
freeway,
I'm still alive
but not so sure of the
others,
I keep getting approached by
strangers at the racetrack
who want to talk,
they push their faces too
close,
I am stricken by their
eyes,
they jabber away
like monkeys in a
zoo
and finally
I break away,
ride the escalator a
while
sometimes go out to
parking,
walk in the sun,
come back,
watch another god-
damned horse
race.

il fattore x

ho mal di schiena, mi sento gonfio, dovrei tagliare
le unghie dei piedi,
sto qui a fumare
a mezzanotte passata,
la radio al minimo,
la notte tiepida,
la vista sulla
autostrada,
io ancora vivo
ma non so gli altri.
alle corse continuano
ad avvicinarmi
sconosciuti che vogliono parlare,
mi vengono troppo vicino
con la faccia,
hanno occhi che fanno
impressione,
cianciano
come scimmie
allo zoo
finché
non li mollo,
piglio
la scalamobile,
qualche volta mi rifugio
nel parcheggio,
cammino al sole,
torno indietro,
guardo un'altra
stramaledetta
corsa.

I feel tired and bloated
with it
all,
thinking back
now
on the day
yes, I won, yes.

but I've got to think of
something
else.
maybe I'll hang around
Art Museums?
no.
awful.
maybe I'll play with
paints?
ah, no.

you know, this sitting
around waiting to
die,
it's not a very kind
hobby.

I watch the smoke
drift about the
room, turn up the
radio.

I tell you, I don't mind
death
but it pisses me off
when the animals
die.

well, here I am
sitting in my shorts,
complaining
again.

ripensando ora
alla mia giornata,
mi sento appesantito
e stanco.
sì, sì, ho vinto.

ma dovrei inventare
qualcos'altro.
bazzicare i musei?
no.
tremendo.
forse trastullarsi
coi pennelli?
ah, no.

però, star qui seduto
ad aspettare
la morte,
non è un granché
come hobby.

guardo il fumo
aleggiare
nella stanza,
alzo la radio.

state a sentire, la morte
non mi preoccupa
ma m'incazzo
quando muoiono
gli animali.

benissimo, eccomi qua
seduto in mutande,
di nuovo a
lamentarmi.

*and getting paid
for it.*

*who could have
ever guessed?*

e per farlo
mi pagano.

chi l'avrebbe mai
immaginato?

evaluation

oh yes, I'm a good guy,
as soon as the toilet paper
runs low;
I'll take it out and replace
it
with a full fat roll.
I don't live
alone
and I am aware
that a sudden unwilling search
of that dark blank
cardboard
can jinx this tender mood
or write a curse
on the cool tile
wall.

good guys like me are needed in
this more than difficult
world.

ah sì, sono un bravo ragazzo,
appena resta poca
carta igienica,
tolgo il rotolo
e
ne rimetto uno ben pieno.
non vivo
solo
e sono cosciente
che un'improvvisa ricerca nervosa
di quel rotolo
di carta
può mandare in malora
i più teneri umori
o scagliare maledizioni
sulle piastrelle
del bagno.

bravi ragazzi come me
servono a qualcosa
in questo mondo difficile.

the young

I watch them going up and down the hill on their
Suzukis, gunning them, ripping the night with
sound, the lights are bright, up and down
the hill they go, it's only Thursday
night but any night will do, there's hardly
any place to go, gang territory across Pacific
Avenue and more gangs on Gaffey Street, only
a few safe blocks to play with and they park
their bikes, stand around talking, there's not
much money, they share joints and a few pills,
school tomorrow, maybe, hell, maybe not.

I stand out front watering a patch of lawn, maybe they
see me, and if they do, it doesn't matter, I'm just
another old fart in a world of old farts, yet I
feel like walking over and saying, "come on,
let's find something to do..." but I know better, I know
that they don't know any more than I do and they
are probably more scared, I had my fling
ripping at the walls, I used to stand and beat
my hands against the bricks until they bled and
I kept punching but the world stayed there
unlikeable, monstrous, deadly.

I see them talking, then shut off the water, drag
the hose back into the yard, walk up the drive
  and they are left standing in the world I passed on to them,
                                                    they

are hopelessly screwed, castrated, denuded.

– the passing of the torch through the centuries,
they have it now.

i giovani

li guardo andare su e giù per la collina sulle
Suzuki, a manetta, lacerando la notte di rumore,
fari che brillano, su e giù per la collina,
è solo giovedì notte ma ogni notte è buona,
non c'è altro posto dove andare,
bande su Pacific Avenue e altre bande su Gaffey Street,
un pugno di isolati in cui giocarsela,
e parcheggiano le moto, parlottano in cerchio,
pochi soldi, spinelli da passare, qualche pillola,
domani a scuola, forse, al diavolo, forse no.

sono in cortile ad annaffiare il prato, può darsi
che mi vedano, e se è così che cambia, sono
solo un'altra vecchia scoreggia in un mondo
di vecchie scoregge, eppure mi vien voglia
di andar lì e dire: "dai, troviamo qualcosa da fare..."
ma so che è meglio di no, so che non sanno niente
più di me e probabilmente hanno più paure di me,
anch'io ho sbattuto il mio entusiasmo contro un muro,
lo prendevo a pugni fino a sanguinare e continuavo a
picchiare, ma il mondo restava com'era,
spiacevole, mostruoso, letale.

li guardo chiacchierare, poi spengo l'acqua,
riporto il tubo nel cortile, m'affaccio in strada
e se ne stanno lì nel mondo che ho loro lasciato,
fottuti, castrati, spogliati senza speranza.

il passaggio della fiaccola nei secoli,
e adesso ce l'hanno in mano loro.

Thursday night, nowhere to go.
Friday night. Saturday. Sunday. Monday.
etc.
the oldest young on earth.
Thursday night. Thursday night. Thursday
night.

"come on, let's find something to do..."

giovedì notte, nessun posto in cui andare.
venerdì notte. sabato. domenica. lunedì.
eccetera.
i giovani più vecchi della terra.
giovedì notte. giovedì notte. giovedì
notte.

"dai, troviamo qualcosa da fare..."

no return address

*I am perishable and that's the best
part
as the snail crawls slowly under
the leaf,
as the lady in the cafe
laughs an ugly laugh,
as France burns in purple
twilight.
I am perishable
and good for that
as the horse kicks a slat out of the
barn,
as we hurry toward
paradise,
I am perishable enough.
place the empty shoes beneath the
bed
side by side.
as the dog howls
the last frog puffs and
jumps.*

non restituire al mittente

la buona notizia è che sono
deperibile,
mentre la lumaca striscia lenta sotto
la foglia,
mentre la dama nel caffè
ride una falsa risata,
mentre la Francia brucia
un crepuscolo di porpora.
sono deperibile
e questo è il bello,
mentre il cavallo scalcia
un'asse della stalla,
mentre ci affrettiamo verso
il paradiso,
io sono piuttosto deperibile.
metti le scarpe sotto
il letto
allineate.
mentre ulula il cane
l'ultima rana sbuffa
e salta.

yes sirree!

all our neighbors think that
we are
weird.
and we think that they
are.
and we're all
on
target.

sissignore!

tutti i vicini pensano
che noi siamo
strani.
e noi pensiamo
lo stesso di loro.
e facciamo
tutti
centro.

snapshot (1985)

flailing away at infinity
the tiny winged night bug
on its back
under the desk lamp
kicks and struggles with
thread legs
under the heat of the
light
as in the corner of the
room
my fat yellow cat
lifts his left leg
high
and licks his precious
parts
as in the harbor now
a boat suddenly looses
a horn sound

the cat stiffens, stops
licking

the bug becomes
motionless

then,
both at once,
they return to their
former
divertissements.

istantanea (1985)

sdraiato sulla schiena
sotto la lampada da tavolo
flagellando l'infinito
il moscerino alato della notte
scalcia e combatte
con le sue zampette
contro il calore
della luce
mentre nell'angolo
della stanza
il mio grasso gatto giallo
solleva la zampa
sinistra
e lecca
le sue preziose intimità
mentre ora nel porto all'improvviso
una barca suona
la sirena

il gatto s'irrigidisce, smette
di leccare

l'insetto diventa
immobile

poi,
insieme,
entrambi ritornano
al passatempo
precedente.

finished?

the critics now have me
drinking champagne and
driving a BMW
and also married to a
socialite from
Philadelphia's Main Line
which of course
is going to prevent me
from writing my earthy
and grubby stuff.
and they might be
right,
I could be getting to be
more like them,
and that's as close to
death as you can
get.

we'll see.
but don't bury me yet.
don't worry if I drink with
Sean Penn.
just measure the poems
as they come off the
keyboard.
listen only to them.
after this long fight
I have no intention of
quitting short.
or late.
or satisfied.

finito?

ora la critica mi dipinge come
uno che beve champagne
e gira in BMW
e ha sposato un'aristocratica
della Filadelfia bene
il che naturalmente
mi impedirà di scrivere
la mia roba
sudicia e corposa.
e può darsi
che abbiano
ragione,
potrei cominciare
a assomigliare
a loro,
e per me sarebbe
quasi
come morire.

vedremo.
ma aspettate a seppellirmi.
non fate caso se bevo
con Sean Penn.
limitatevi a misurare
le poesie
che escono dalla mia tastiera.
ascoltate solo quelle.
dopo questa lunga lotta
non ho intenzione
di arrendermi presto.
o tardi.
o soddisfatto.

the voice of Chinaski

modern composers are writing pieces using
the voice of the whale –
working it into
music.

the whale has a feeding ground of twenty
square miles
which he patrols and uses
alone

until the time comes when he starts
calling for his
mate –
then this voice is sent trumpeting through the
water

those waters of used tires and inner
tubes, old blankets and piano wire
discarded test tubes and burnt-out Spanish
bullfighters.

get lonely get
horny.

we're all caught
the same:
goldfish
dove
dog
tiger.

la voce di Chinaski

i compositori moderni scrivono brani usando
la voce delle balene –
trasformata in
musica.

la balena caccia in un territorio
di venti miglia quadrate
che lei sola
usa e pattuglia.

finché viene il momento in cui
cerca
un compagno –
allora la voce attraversa come un barrito
le acque

le acque di gomme usate e camere
d'aria, vecchie coperte e corde
di piano, provette scartate
e toreri scoppiati.

sentirsi soli
sentirsi in calore

veniamo tutti catturati
allo stesso modo:
pesciolino
colomba
cane
tigre.

sometimes even mountains
move
boil out in
flame.

you have me
and the nuns and the monks have
God.

qualche volta perfino le montagne
si muovono
ribolliscono
in fiamme.

voi avete me
suore e monaci hanno
Dio.

quotable

she is an old woman
now
still quite beautiful
she has known many
famous
men.

we are sitting in a Mexican cafe
and she tells me,
"Hemingway was an amazing
man, he'd sit and
make these off-hand remarks,
one after another, these
astonishing truthful statements..."

I like that.
but I have nothing to
say.

well, I do.
I tell her: "the red
sauce in the little bowl
is very hot so
don't use it unless you
like that sort of
thing."

– such statements don't
create a legend
but for ordinary mortals
they still have a
rather

citazione

adesso
è una vecchia
ancora assai bella
che ha conosciuto
molti uomini
celebri.

sediamo in un caffè messicano
e mi dice:
"Hemingway era
sbalorditivo, se ne stava lì
e su due piedi faceva certe osservazioni,
una dopo l'altra, parole
straordinariamente vere..."

bello.
ma non ho niente da dire,
io.

no, ce l'ho.
le dico: "la salsa rossa
nella ciotoletta
è molto piccante per cui
non usarla a meno che
quel genere di roba
ti piaccia".

– parole simili non
creano una leggenda
ma per i comuni mortali
hanno anch'esse
un valore

*sturdy
worth.*

piuttosto
robusto.

interview

what would you do if you had 5 minutes to
live? he asked.

nothing.

really?

yes, nothing.

all right, suppose you had 2
weeks?

nothing.

come on, don't say that, be
serious!

I think I
am.

all right, suppose you had 2
months?

either hold up a bank or take
up
water-skiing.

you're not being serious
about this whole
thing.

cosa faresti se avessi 5 minuti
da vivere? domandò.

niente.

davvero?

sì, niente.

va bene, supponi di avere 2
settimane?

niente.

avanti, non dire così,
sii *serio*!

penso
di esserlo.

va bene, supponi di avere 2
mesi?

o rapinerei una banca
o prenderei lezioni
di sci acquatico.

tu non prendi sul serio
questa
discussione.

so I asked him:
what would you do
if you had 2 months to
live?

well, he answered, I'd
drink and fuck,
plenty.

o.k., put me down for
the same thing.

now you're talking!
he said.

for a man with 2 months to
live
he looked pretty
satisfied.

allora gli domandai:
cosa faresti tu
se avessi 2 mesi
da vivere?

be', rispose,
mi sbronzerei e scoperei,
in abbondanza.

ok, metto la firma
per la stessa cosa.

questo è parlare sul serio!
disse.

per un uomo con 2 mesi
da vivere
sembrava decisamente
contento.

the lady who looks forever young

is in trouble:
the famous place she has gone to for all these
years for
face-lifts
refuses to give her
another:
the skin on her face is stretched so
tight
that she's like a balloon about to
burst
and they will not accept the
responsibility
of having her smile into another
camera
and exploding
like a tomato blasted by a
firecracker
all over the lens and all over
the people.

poor doll.
she's just another one of our
ageless
stars.
but have cheer: she'll never
die: film lasts longer than we
do.

la signora che non invecchiava mai

è nei guai:
il celebre posto dove per tutti questi
anni
andava a rifarsi
la faccia
rifiuta di rifargliela
ancora una volta:
la pelle del volto è talmente
tirata
che è come un pallone che sta per
scoppiare
e i chirurghi non si prendono
la responsabilità
di lasciarla andare a sorridere
davanti a una cinepresa
col rischio che esploda
come un pomodoro
su un petardo
imbrattando
cinepresa e troupe.

povera bambola.
è solo un'altra delle nostre
stelle
senza età.
ma consolatevi: non morirà
mai: i film durano più a lungo
di noi.

an answer

within the past six years
there have been four
different rumors that I
have died.
I don't know who begins
these rumors
or why.
and certainly humans
do worse things than
this.
yet I always feel strange
when I must inform people
that I am
not yet dead.
somebody out there
or perhaps several
people
evidently get some
huge satisfaction
in announcing that I am
no longer
around.

some day,
some night
the announcement will be
true.
to put it mildly,
I am no longer
young.
but these death-
wishers

una risposta

negli ultimi sei anni
si è diffusa quattro volte
la voce che ero
morto.
non so chi è a spargere
queste voci
o il perché.
e certo gli uomini
fanno cose molto peggiori
di questa.
eppure mi fa sempre effetto
quando devo informare la gente
che non sono ancora
morto.
là fuori dev'esserci qualcuno
o forse molti
che evidentemente
ricava una soddisfazione abnorme
ad annunciare che io
non sono più
in circolazione.

un certo giorno,
una certa notte,
l'annuncio sarà
vero.
a dir poco,
non sono più
un giovanotto.
ma questi menagramo

are an unsavory
group,
these hyenas,
these vultures,
these failed writers,
will also some day
be dead,
their petty bitterness,
their lying gutless
beings swallowed by
the dark.
but for the moment,
I am here
and these last lines
are for them:
your cowardice will
not be
missed
and you were
dead
long
before
me.

mi disgustano,
queste iene,
questi avvoltoi,
questi scrittori falliti,
verrà anche il loro giorno,
in cui la loro gretta invidia,
la loro prona viltà,
saranno ingoiati
dalle tenebre.
ma per il momento,
sono ancora qui
e queste ultime righe
sono per loro:
non rimpiangeremo
la vostra codardia
eravate
morti
ben
prima
di me.

a model

I want to be like that
man who entered the
restaurant
tonight,
he parked right in
front
of the front
door.
blocking off a good many
parked cars,
then slammed his car
door shut,
walked in,
his shirt hanging out
over his big
gut.
when he saw the
maitre d', he
said, "hey, Frank,
get me a fucking
table by the
window!"
and Frank smiled and followed
him
along.

I want to be like
that man.
this way's not
working.

for over 70 years
now.

un modello

voglio essere come
l'uomo che ho visto
stasera
al ristorante.
ha parcheggiato proprio
davanti
all'ingresso,
bloccando un bel po'
di auto nel parcheggio,
poi ha sbattuto lo sportello,
è entrato,
la camicia a penzoloni
sul pancione.
quando ha visto
il maître,
ha detto: "ehi, Frank,
dammi un fottuto tavolo
vicino
alla finestra!"
e Frank ha sorriso
e gli è filato
dietro.

voglio essere
come quell'uomo.
come sono io
non funziona.

da ormai
70 anni.

my companion

pissing in the toilet bowl
the centuries whirl past
me
and that lovely lady,
Suicide,
the only lovely
lady,
appears once again,
she knows me.
the walls are cream
yellow.

I flush,
return my penis to its
hiding place,
wash my foolish
hands,
walk from the
bathroom to this
room.

she has followed
me.

outside the night is
past midnight.
inside, there is no
time.

I uncap the beer
bottle,
swallow down

la mia compagna

pisciando nel water
i secoli mi sfrecciano
accanto
e quella adorabile creatura,
lady Suicidio,
l'unica adorabile creatura,
appare un'altra volta.
lei mi conosce.
le pareti sono
giallo crema.

tiro l'acqua,
rimetto il pene nel suo
nascondiglio,
lavo le mie assurde
mani,
dal bagno
torno
in questa stanza.

lei mi ha
seguito.

fuori, è passata
mezzanotte.
dentro, il tempo
non esiste.

stappo la bottiglia
di birra,
ingurgito

Rome,
Carthage,
yesterday and
the churning of
now.

she watches me
and waits.

I scratch my neck
as the entire
earth
comes in through
the window.
it has a form.
the form is a
body of dark
air.

the lady waits
for my love
as I notice the
hairs on my
arms,
the veins on
my hands.

I light a cigar,
inhale, then
exhale a cloud
of smoke.

I lift the beer
bottle
as somewhere
in the night
a dog barks
rapidly,
five times,
then
stops.

Roma,
Cartagine,
ieri
e lo spumeggio
del presente.

lei mi guarda
e aspetta.

mi gratto il collo
mentre dalla finestra
entra
la terra
intera.
ha una forma.
la forma di un corpo
d'aria
scura.

lady Suicidio
aspetta il mio amore
mentre io mi studio
i peli delle braccia,
le vene delle mani.

accendo un sigaro,
inspiro, poi
emetto una nuvola
di fumo.

impugno la birra
mentre da qualche parte
nella notte
un cane abbaia
rapido,
cinque volte,
poi
smette.

the barometer

when I was very young
I heard it from
my parents after they
discovered a few
early stories
hidden in my room:
"THIS IS UGLY!
THIS IS SHAMEFUL!"
I was finally
evicted from their
home
(which was
my first piece of good
luck).

then
after decades of
having my work
rejected
I had small bits
published
here and there
only to find many
critics totally
outraged
by my
efforts.

well, my parents
were dead,
they took the place
of my

il barometro

quando ero molto giovane
erano i genitori a dirmelo
dopo aver scoperto le mie prime
storielle
nascoste in camera:
"CHE SCHIFO!
CHE VERGOGNA!"
fino a che fui
cacciato
di casa
(la mia prima
fortuna
nella vita).

poi
dopo aver visto
respingere il mio lavoro
per decenni
riuscii a pubblicare
qualcosina
qui e là
solo per vedere
molti critici
assolutamente scandalizzati
dai miei
sforzi.

ebbene, poiché i miei genitori
erano morti,
loro ne avevano

dead parents.
I accepted the
justice of
this.

then I
married and
now I hear
my mother-
in-law
as she exclaims to
my wife:
"WHY DOES HE HAVE
TO WRITE THAT
WAY?
WHY DOES HE
DO IT?"

well, you know,
those voices
past and present are
always going to be
there.
or hopefully
they always will
be.

when they stop
I will know
that I have lost
my spirit, ·
I will know
I have lost
touch with the
direct line
to the mad
and
laughing
gods.
I will see my
photo on the
cover of

preso il posto.
mi pareva ci fosse
una certa giustizia
in questo.

poi mi sono sposato
e adesso sento mia suocera
che dice a mia moglie:
"PERCHÉ DEVE SCRIVERE
IN QUEL MODO?
PERCHÉ?"

be', sapete,
quelle voci del passato
e del presente
mi faranno sempre
compagnia.
o almeno
io lo spero.

se sparissero
saprò
di aver perso
il mio spirito,
saprò
di avere perso
la linea diretta
con gli dei
folli
e gaudenti.
vedrò la mia foto
sulla copertina

TIME
and I will be
taught in high
school English
along with
Hawthorne and
Whittier.

as long as the
mother-in-law
and many others
protest
I will know that
I am on the
trail of
a living and
lively
thing.

not that I write
in order to
create great and
ennobling
works
but if they
become so
and finally
silence
the grating
bellows of
idiots,
then let that
be
that.
fools sometimes create
genius by their
persistence
and their
puking empty
unjustified
horror,
unmitigated.

di TIME
e verrò insegnato
nell'ora di lettere
al liceo
insieme a
Hawthorne
e Whittier.

fino a quando mia suocera
e gli altri
protestano
saprò
che sono sul sentiero
di una cosa
viva
e vegeta.

non che io scriva
con l'ambizione di creare
opere
grandi
e nobili
ma se lo diventassero
e finalmente
mettessero a tacere
gli striduli
muggiti
degli idioti,
così
sia.
a forza di insistere
e di vomitare
vuoto, ingiustificato, non mitigato
orrore,
a volte i pazzi
diventano geniali.

the rivers

the rivers of hell are mine, they aren't yours
they're mine, flowing hot and dirty and
endless
they're mine, all mine,
special,
for me,
nobody else,
they're mine
rushing me along,
night and day,
week after week, month after month,
year after year,
they're mine,
you hear me?

I no longer try to climb out,
I go with the rivers,
I talk to the rivers,
I tell them things
like,
"I know you.
we've been together a long
time.
I expect nothing
else."

we rush toward death
and neither of us
gives a damn about
death
we've got our own game
going.

i fiumi

sono miei i fiumi dell'inferno, non vostri,
sono miei i fiumi che scorrono caldi e sporchi
e senza fine,
sono miei, tutti miei,
speciali,
per me,
per nessun altro,
sono miei,
trasportandomi via con loro,
notte e giorno,
settimana dopo settimana, mese dopo mese,
anno dopo anno,
sono miei,
mi sentite?

non provo più a saltar fuori,
resto nei fiumi,
parlo coi fiumi,
dico loro cose come:
"vi conosco,
siamo stati insieme tanto
tempo,
non m'aspetto più
nient'altro".

ci precipitiamo verso la morte,
e sia io che loro
ce ne fottiamo della morte,
abbiamo il nostro gioco
da giocare.

the rivers of hell are mine,
mine,
the rivers of hell
flowing
moving
with me,
my hells can only be
my hells,
if they're mine now and
maybe
forever,
so be
it.

sono miei i fiumi dell'inferno,
miei,
i fiumi dell'inferno,
scorrono
avanzano
con me,
i miei inferni possono essere soltanto
i miei inferni,
se sono miei ora
e forse
per sempre,
che così
sia.

dark, and darker

if I can find one hour of peace a day
I can survive.
that's one old-fashioned hour, 60 minutes,
one hour, please, let me have it now, today,
this day, this night, which is almost over.
let me have that hour, something is closing
in, fast.

what a horror show it has been, to have been
put upon the earth for this, it's unreasonable,
it's beyond
reason.

a screeching doom.

it began so long ago.

buio, e buio pesto

se posso trovare un'ora di pace al giorno
posso sopravvivere.
chiedo soltanto un'oretta, 60 minuti,
un'ora, per piacere, datemela adesso, oggi,
quest'oggi, in questa notte che è quasi finita.
lasciatemi quell'ora, prima che sia troppo
tardi, presto.

che horror show è stato, essere messo
al mondo solo per finire così, è irragionevole,
è al di là di ogni
comprensione.

una condanna strillata.

che dura da un pezzo.

the room

nothing changes,
I am backed into this small room
like all the other small
rooms.

5 decades ago
I sat as a young man
before a machine,
the door closed,
the shades pulled
down.

now it is not the same
machine or
the same
young man.

the radio plays
and as I hit the keys
I recognize the classical
music,
I heard it half a century
before.

"peace and quiet are in
your future."
was the message in a
fortune cookie I opened
this week.
and I thought, maybe death

la stanza

nulla cambia,
sono chiuso in questa piccola stanza
come tutte le altre stanze
della mia vita.

5 decenni fa
ero un giovanotto
seduto alla macchina da scrivere
la porta serrata,
le tende
tirate.

ora non è più la stessa
macchina
o lo stesso
giovanotto.

la radio è accesa
e mentre batto sui tasti
riconosco una musica
classica,
ascoltata mezzo secolo
prima.

"pace e quiete
nel tuo futuro."
era il messaggio
in un biscotto della fortuna
che ho aperto questa settimana
al ristorante cinese.
e ho pensato:
forse

will be
that.

backed into this small room,
I make my last
stand.

the walls rise splendidly
up,
my cigarette smoke and
the music
rise.

the words bite into the
page.

my wrist watch on the
desk says
1:55 a.m.

the door is
open.

allude
alla morte.

chiuso in questa stanza,
vado per l'ultima volta
all'assalto.

le pareti volano
splendidamente via,
volano
il fumo della sigaretta
e la musica.

le parole mordono
la pagina.

l'orologio da polso
sulla scrivania
dice che è l'1 e 55 del mattino.

apro
la porta.

the two toughest

there's this big guy comes to see me, he sits in
this big chair and starts smoking cigars
and I bring out the wine
and we pour it down.
the big guy gulps them down and I gulp
right along with him.
he doesn't say much, he's a stoic.

when other people visit they say, "Jesus, Hank,
what do you see in that guy?"
and I say, "hey, he's my hero, every man has to have a
hero."

the big guy just keeps lighting cigars and drinking.
he never even gets up to piss, he doesn't have
to.
he doesn't bother.

he smokes ten cigars a night and matches me
drink for drink.
he doesn't blink.
I don't either.

even when we talk about women we
agree.

it's best when we're alone because he never
talks to the other people.

and I never remember seeing him
leave.
in the morning his chair is there

i due più tosti

c'è questo pezzo d'uomo che viene a trovarmi,
siede in poltrona e accende un sigaro
e io metto in tavola il vino
e lo versiamo.
il pezzo d'uomo ne ingolla uno dietro l'altro
e io gli sto dietro.
non parla molto, è uno stoico.

quando arriva altra gente dicono: "Cristo, Hank,
cosa ci trovi in quel tipo?"
e io dico: "ehi, è il mio eroe, ognuno ha bisogno
di un eroe".

il pezzo d'uomo continua a fumar sigari e bere vino,
non si alza neppure per pisciare,
può farne a meno.
non se ne cura.

fuma dieci sigari a notte e mi tiene testa
drink a drink.
non vuole smettere per primo.
e io nemmeno.

andiamo d'accordo persino
sulle donne.

l'ideale è quando siamo soli perché
lui non parla mai con altri.

e non lo vedo mai
andarsene.
al mattino la poltrona è vuota

and all the cigar stubs and
all the empty bottles but he's
gone.

what I like best is he never disturbs the
image I have of him,
he's a tough son-of-a-bitch and I'm a
tough son-of-a-bitch
and we meet about once
every 3 months and put on our
performance.

anything more than that would
wipe us
both
out.

ci sono mozziconi
e bottiglie vuote
ma non c'è più
lui.

il bello è che non offusca mai
l'immagine che mi son fatto,
lui è un tosto figlio di puttana
e io sono un tosto figlio di puttana
e ci incontriamo all'incirca
ogni 3 mesi
e recitiamo sempre
lo stesso numero.

aggiungervi qualsiasi cosa
ci spazzerebbe via
entrambi.

the darkening light

there are more and more
old people, middle-aged
people, young people,
children, babies,
deaths, marriages,
divorces, wars,
diseases,
sparrows,
songs,
cars,
you,
us,
me
sitting at a table ordering
this cup of coffee as the
mudlark
strangles.

si spengono le luci

ci sono sempre più
vecchi, gente di mezza
età, giovani,
bambini, poppanti,
morti, matrimoni,
divorzi, guerre,
malattie,
passeri solitari,
canzoni,
automobili,
voi,
noi,
io
seduto a ordinare
questa tazza di caffè
mentre il monello
soffoca.

those good people

the worst celebrities often support the most noble
causes,
some because so directed by their
publicity agents,
others, of the less famous
variety,
out of their need to be
accepted as good
souls.

beware these who rally too often to
popular causes,
not because the cause is
necessarily wrong
but because their motive is
self-serving – the cause being
their cause.
those people who swarm to
the ringing of bells and
speeches to the gatherings of
the righteously
indignant –
and often those who
ring the bells and give the
speeches –
are far worse as humans
than that or those they might
praise or support
or preach or rail
against.

anime belle

le peggiori celebrità
spesso sostengono
le cause migliori,
taluni perché così
consigliati dall'agente,
altri, di categoria
un po' meno nota,
per il bisogno
di sentirsi accettati
come anime nobili.

non fidatevi di chi troppo spesso
scende in piazza
per una causa popolare,
non perché sia sbagliata
la causa,
ma perché il motivo
è egoista – la vera causa
sono loro.
quelli che accorrono al richiamo
di fischietti e discorsi
alle masse dei giustamente
indignati –
e spesso quelli che
fischiano e tengono
discorsi –
quelli sono molto peggio
di coloro o di ciò
che elogiano o appoggiano
o predicano o contestano.

think, would you want
one of these
smiling on your couch
on a rainy March night
or
any night
at all?

pensateci, vorreste
una di queste anime belle
sorridente sul divano di casa
una piovosa sera di marzo
o
una sera
qualunque?

horse fly

the pimpled young man with his cap on backwards
came up to me at the racetrack
and asked, "who do you
like?" and I answered,
"don't you know that when you talk about that
the horse never
runs?"
he acted as if he hadn't
heard: "who do you like in the
exacta?"
"I don't bet exactas," I told
him.
"why?" he
asked.
"because they take 20 percent off
the top," I responded.
he acted as if that had nothing
to do with anything.
in a further effort to delete him from
the scene
I stated, "I don't bet daily doubles,
parlays, quinellas or
trifectas."
it was useless: "who do you like
in this race?" he asked
again.

"Your Mother's Ass,"
I informed
him.

cavallina

il ragazzo foruncoloso col berretto a rovescio
mi avvicinò all'ippodromo
e chiese: "chi ti piace?"
e io risposi:
"non sai che quando lo dici
il cavallo nemmeno corre?"
fece come se non avesse
sentito: "chi ti piace per
l'accoppiata?"
"non scommetto sulle accoppiate,"
gli dissi.
"perché?"
chiese.
"perché ti fregano il 20 per cento
della vincita," risposi.
non sembrò
farci caso.
come ulteriore tentativo
di togliermelo di torno
aggiunsi:
"non scommetto sulle multiple,
sulle doppie, sulle triple
e sulle quintuple".
inutile: "chi ti piace
alla prossima corsa?"
domandò di nuovo.

"Culo di Tua Madre,"
lo informai.

as he checked his program
I walked
off.

me la filai
mentre lo cercava
sul programma.

night cap

there is no avenging angel or red burning devil
there is only me sitting here
at the age of 70
playing with the word.
I have been playing with the word for so
many decades now.
sometimes people see me on the street
and get excited.
"calm down," I tell them, "it's nothing."

the gods have been kind to me, being
neither in an institution or a
madhouse or a hospital.
considering all
my health is remarkably
good.
believe me, I had no idea I would
live this long, I had planned an
early exit and lived with a reckless
abandon.
don't be angry, I don't want to
hog the stage forever.
if somebody fairly good comes
along I will gladly step
aside.
I will write the stuff only for myself
and to myself,
which is what I have been
doing right along.

il bicchiere della staffa

non c'è un angelo vendicatore o un rosso demonio
                                        fiammeggiante
ci sono soltanto io qui seduto
a giocare con le parole
a 70 anni.
sono decenni che faccio
questo gioco.
a volte la gente mi riconosce per strada
e si entusiasma.
"calma," dico, "non è niente."

gli dei sono stati gentili con me,
tenendomi fuori da prigioni
o manicomi o ospedali.
tutto considerato
godo di salute
eccezionalmente buona.
credetemi, non immaginavo
di vivere così a lungo,
pianificavo
una rapida uscita di scena
per cui ho vissuto
con sprezzante abbandono.
non arrabbiatevi, non intendo
impossessarmi della scena per sempre.
se viene fuori qualcuno
di appena decente
sarò lieto di farmi
da parte.
scriverò solo per me stesso
e a me stesso,
che è poi quello
che sempre ho fatto.

yes, yes, I've been lucky and
still am, and please be patient,
I will leave some day,
I will no longer defile these pages
with my raw and simple
lines.
I will become strangely quiet
and then you can
relax.
but for now, tonight, I am
working,
classical music is again on
the radio,
I square off with the
computer
and the words form and
glow on the screen.
son-of-a-bitch, you have
no idea, it has been a
wild and lovely
ride.

now I fill my glass
and drink to it all:
to my loyal readers
who have kept me off
skid row,
to my wife and my
cats and my editor
and to my car
which waits in the
driveway
to transport me to the
racetrack tomorrow
and to the last line
I will ever write.
it has been a miracle
beyond all
miracles.

sì, sì, ho avuto fortuna
e ancora ce l'ho, abbiate pazienza vi prego,
un giorno me ne andrò,
non insozzerò più le pagine
con versi semplici e crudi.
diventerò stranamente quieto
e allora potrete
rilassarvi.
ma per adesso, per stasera,
scrivo,
musica classica come sempre
alla radio,
combatto col
computer
e le parole si formano
e brillano sullo schermo.
figlio di mignotta, voi
non avete idea di che
corsa adorabile e selvaggia
sia stata questa.

sicché ora riempio il bicchiere
e brindo a tutto quanto:
ai miei fedeli lettori
che mi hanno tenuto
sempre a galla,
a mia moglie
e ai miei gatti
e al mio editore,
e alla mia auto
che aspetta
qui fuori
di portarmi
domani alle corse,
e brindo all'ultima riga
che mai scriverò.
è stato un miracolo
al di là di ogni
miracolo.

*"here's mud in your
eye!" as we used to say
in the thirties.*

thank you.

"cin, cin!"
come si diceva
un tempo.

grazie.

action

I am upstairs in pajamas and bathrobe,
it is one a.m.
then I hear it: a woman screaming,
it sounds as if somebody is being
murdered,
there are thudding and crashing
sounds,
it's simply brutal,
I walk down the stairway and out
the front door.
my wife remains
inside.
I walk down the driveway to the
street.
it's across the street and 3 houses
down,
a red car appears to be parked
cockeyed, half in the drive, half
in the street,
the screaming continues
and the brutal sounds,
then the red car
veers around, points down the
hill and screeches
off.

the big kid from the corner
house
walks over to where I am
standing.
"what the hell's
happening?" I ask

ciak

sono al piano di sopra in pigiama e accappatoio,
è l'una del mattino.
poi lo sento: una donna che urla,
urla come se la stessero
ammazzando,
schianti, tonfi,
rumore di qualcosa
di brutale,
scendo le scale
esco all'aperto.
mia moglie
resta dentro.
mi affaccio
in strada.
è successo 3 case
più giù,
un'auto rossa è parcheggiata
di traverso, metà sul marciapiede,
metà in strada,
le urla proseguono
i rumori brutali anche,
poi l'auto rossa inverte
la marcia, torna in
strada, sgomma
via.

il ragazzone della casa
d'angolo
viene dove sono
io.
"cosa diavolo
sta succedendo?" gli

him.

*"some guy breaking all
the windows out of a
woman's car."*

"holy shit."

*the big kid had his car
shot full of holes
one night
about 6 months back
while he
slept.*

*the old neighborhood
is gone.*

*then a car roars out
of that same drive
backwards
and it goes
roaring up to the
top of the hill,
driving
backwards.*

*then it sits at the
top of the
hill
with the motor
running and the
lights
off.*

*the police arrive
then,
park their car outside
of that house,
red lights whirling.
they are talking to
some of the people*

domando.

"un tizio ha spaccato
i finestrini dell'auto
di una donna."

"che cavolo."

un 6 mesi fa
di notte
mentre il ragazzone della casa d'angolo
dormiva
gli hanno bucherellato
la sua,
di macchina.

il quartiere
è cambiato.

poi un'auto romba
fuori in retromarcia
da dove provenivano le urla
e rombando sale in cima
alla collina,
sempre
in retromarcia.

poi rimane lì
in cima alla collina
a motore
acceso
e luci
spente.

in quel mentre
arriva la polizia,
fermano l'auto
davanti alla casa,
in un turbinio di luci rosse.
gli agenti parlottano
con qualcuno

from the
house.

then the guy
at the top of the
hill
revs his engine
loudly,
slams it into gear
and roars
full speed
past the house and
down the
hill.

the cops jump into
their car,
more screeching,
it
flashes down
the hill
after him.

"nice to meet you,"
I tell the big kid,
"my name is
Hank."

"I'm Eddie."

we shake hands.

"gotta go, Eddie,
calm down my
wife..."

"me too, Hank,
watch your
ass."

"you too, baby."

della casa.

poi il tipo
in cima
alla collina
dà una gran
sgasata,
ingrana
la marcia
e sfreccia
davanti alla casa
giù
per la collina.

i piedipiatti saltano
in auto,
altra sgommata,
guizzano via
dietro
il tipo.

"piacere di conoscerti,"
dico al ragazzone,
"mi chiamo
Hank."

"io Eddie."

ci stringiamo la mano.

"bisogna che vada, Eddie,
devo calmare
la moglie..."

"anch'io, Hank,
e occhio
agli stronzi."

"pure tu, piccolo."

I walk up the drive
and into the
house.

"what was it?"
she asks.

"love gone
wrong."

"anybody hurt?"

"I don't think so,
not yet."

I sit down on the
couch next to
her.
David Letterman is
on.

he doesn't know
what-the-hell about anything,
makes a face into the
camera.
I get up and go for
a bottle of
wine.

torno indietro
entro in casa.

"che cos'era?"
chiede lei.

"amore andato
a male."

"nessun
danno?"

"non credo,
per ora."

siedo al suo
fianco
sul divano.
in tivù
c'è un talk-show.

il presentatore
dice una sciocchezza,
fa una smorfia alla
telecamera.
mi alzo e vado
a prendere
il vino.

playtime

went to a Japanese restaurant with my
wife, she ordered tea.
I ordered beer in
the bottle, told the waiter, "no glass,"
and he stood there and asked,
"no glass?" and I responded,
"that's right."
some heads turned.
when the beer arrived I
lifted it and had a good hit.
the waiter came back again
and smiled, "no glass?"
"thank you," I said, "no glass."
then we ordered our meals.
when the waiter left my wife
said, "please get a glass, Hank."
"I prefer it this way," I said.
"I'm not going to be able to
eat," she said.
I lifted the bottle extra high,
held it like I was playing a
high note on a coronet,
had a good hit.
"you bastard," my wife
said.
I smiled.
god, I was bad.
and it was still only 9 p.m.

ricreazione

al ristorante giapponese con
mia moglie, lei ordina tè,
io una birra
in bottiglia, "niente bicchiere,"
faccio al cameriere,
e lui resta lì impalato,
chiede: "niente bicchiere?"
e io rispondo:
"proprio così".
si gira qualche testa.
quando arriva la birra
la piglio e ci do un colpo.
ricompare il cameriere,
sorride: "niente bicchiere?"
"grazie," dico, "niente bicchiere."
poi ordiniamo da mangiare.
quando il cameriere se ne va,
mia moglie dice: "Hank, prendi
un bicchiere, per favore".
"preferisco così," dico io.
"mi farai passare voglia
di mangiare,"
dice lei.
alzo la bottiglia più di prima,
la impugno come dovessi
soffiare dentro un clarinetto,
ci do un gran colpo.
"bastardo," dice
mia moglie.
sorrido.
dio, se son peso.
e sono solo le 9

on a Sunday
night.
plenty of time to really
fuck up.
I
yawned.

di una domenica
notte.
tutto il tempo di
fare *davvero*
cazzate.
sbadiglio.

poem for my 71st birthday

*yes, I'm still here, doing about what I've always
done, although there are some moments of
hesitation
like I'll be at the plate and the big guy out
there will be about ready to fire one in
and I'll call time, step outside the batter's
box, knock some dirt off my cleats, look
around, there are sometimes blinding flashes of
light in my eyes
but I'll gather myself shake it off, get back
in the box, feel the power returning, I
can't wait for the big guy's next pitch and it
comes in, a slider, bastard can't fool me,
I get the wood on it, it goes out of there
way out of there and I trot the bases
as the young guys curse me under their
breath; too bad fellows, you see you
have to have a feel for it and as long as
it's there, you keep going, and when
you can't do it anymore, you'll still be
asking for one more turn at bat, just to
be there, even to swing and miss, it's the
doing that gets it done,
don't you understand this?*

*like this one here, it's probably only
a single or a short hopper to the
shortstop,
but I've had my swing
and I'll be back a few times*

poesia per il mio 71esimo compleanno

sì, sono ancora qui, facendo più o meno
quel che ho sempre fatto, sebbene
con occasionali esitazioni.
facciamo che sono al piatto, e il loro grand'uomo
è quasi pronto a spararne una
e io chiedo tempo, esco dal box
del battitore, gratto via la terra dai tacchetti,
mi guardo intorno, negli occhi ho accecanti
lampi di luce,
ma tengo duro, mi scuoto, torno
nel box, sento ritornare la forza,
non vedo l'ora che il lancio arrivi,
e arriva, una palla di taglio, bastardo
mica mi freghi, la centro col mio legno,
finisce fuori campo, un grande
fuori campo, e trotterello sulle basi
mentre i giovani avversari
bestemmiano sottovoce;
mi dispiace, ragazzi, il fatto è che
ce l'hai o non ce l'hai, e finché
ce l'hai continui a darci dentro,
e anche quando non l'avrai più
chiederai un altro turno alla battuta,
tanto per esserci, anche per sbagliare,
è provare a farlo che te lo fa fare,
non l'avete capito?

come questo colpo qui, probabilmente
è solo una singola o si farà acchiappare
lì nel mezzo,
ma la mia battuta l'ho fatta
e tornerò a farne qualche

more,
the big guy doesn't have me
out of here
yet.

altra,
il grand'uomo non mi ha ancora
fatto
fuori.

slow night

caught out of focus,
time is thin,
my slippers are
on,
the cats are asleep,
organ music on
the radio,
I light a cigar,
struggle for a
gentle
sanity.
I have eaten,
I have bathed.
the bottle is
unopened.

oh, if the boys
could see me
now.
or if I could see
them,
the "them" that
are left.

I will soon sleep,
my toes pointed
north.

tomorrow, if it
comes, could be

buonanotte

momento d'incanto,
tempo che vola,
pantofole
indosso,
gatti che dormono,
musica d'organo
alla radio,
un sigaro
acceso
in cerca
di un pizzico
di buon senso.
dopo mangiato,
dopo un buon bagno,
la bottiglia
da aprire.

ah, se i ragazzi
potessero vedermi
adesso.
o se potessi
io vedere
loro,
i loro ancora
al mondo.

tra poco dormirò,
le zampe distese
verso nord.

domani, se
ci sarà un domani,

somewhat
better.

meanwhile, I
turn off the desk
lamp,
rise,
walk toward the
bedroom
followed by
1, 2, 3, 4, 5, 6, 7, 8, 9,
10, 11, 12, 13, 14, 15,
16, 17, 18, 19, 20,
21, 22, 23, 24, 25, 26,
twentyseven
28, 29, 30, 31, 32, 33,
34, 35, 36, 37, 38, 39,
40, 41, 42, 43, 44, 45,
46, 47, 48, 49, 50, 51,
52, 53, 54, 55, 56, 57,
58, 59, 60
sixtyone
62, 63, 64, 65, 66, 67,
sixtyeight
69, 70,
71
years.

to join the good wife
who endures
me.

è un altro
giorno.

intanto,
spengo
la luce,
mi alzo,
vado in camera
da letto
seguito da
1, 2, 3, 4, 5, 6, 7, 8, 9,
10, 11, 12, 13, 14, 15,
16, 17, 18, 19, 20,
21, 22, 23, 24, 25, 26,
ventisette,
28, 29, 30, 31, 32, 33,
34, 35, 36, 37, 38, 39,
40, 41, 42, 43, 44, 45,
46, 47, 48, 49, 50, 51,
52, 53, 54, 55, 56, 57,
58, 59, 60,
sessantuno,
62, 63, 64, 65, 66, 67,
sessantotto,
69, 70,
71
anni.

a raggiungere la mia buona moglie
che mi
sopporta.

the racetrack salutes you!

MILITARY DAY,
Sunday Sept. 8
FREE Grandstand Admission for
ALL Active Duty, Reserves, Retired,
Widows, Widowers & Dependents

Present I.D. at specially marked gates.

we hope you win
this time.

benvenuti all'ippodromo!

FESTA DELLA VITTORIA
Domenica 8 Settembre
Ingresso in Tribuna GRATUITO per
tutti i Militari in Servizio, Riservisti, Veterani,
Vedove, Vedovi e Familiari Dipendenti.

Presentare Carta d'Identità allo sportello apposito.

speriamo che vinciate voi
questa volta.

alone

if there were only some help from the
other writers, some lift, some gamble,
some fire,
but they are lax,
hang between nowhere and nowhere,
it hurts the head and the gut to
read them
and when I am feeling particularly
bad
as I am tonight
there's no place to go for a
boost or a laugh
or even a small
loan,
nothing to do but
pour another drink
look about the room
at anything –
a chair, a shoe, a box of
toothpicks,
I realize that there is
only one writer I can go
to,
he's got to do it for
me
once again,
get that line down
brisk and clean
to make the snarling women
laugh,

solo

se almeno gli altri scrittori
mi dessero una mano, una spintarella,
un poco di fuoco e di coraggio,
ma sono rammolliti,
non sanno dove sbattere,
leggerli
fa male alla testa
e all'animo
e quando mi sento particolarmente
giù
come stasera
non c'è nessuno a cui rivolgersi
per una fiammata o una risata
o magari un modesto
prestito,
non c'è niente da fare
tranne versare
un altro drink
frugare la stanza
in cerca di un niente –
una sedia, una scarpa, un pacchetto
di stuzzicadenti,
e capire che c'è
un solo scrittore
a cui bussare,
è lui che deve farlo
per me
ancora una volta,
porgermi il verso
secco e frizzante
che farà ridere
la donna inacidita,

to make the lion turn in his
dream,
to make the dead armies
flower,
to become young again,
fresh as a lightning
flash,
to consume the monster
of sorrow,
to break horror with
just your
fingers, to
strangle the
darkness.

now
do it
do it

the gods are laughing
already.

ruggire
il leone nel sonno,
rifiorire
le armate dei morti,
che li farà rinascere,
vivi come
luce lampeggiante,
per consumare il mostro
del dolore,
per dilaniare l'orrore
con le dita,
per strangolare
le tenebre.

sicché
fallo
fallo

gli dei stanno già
spassandosela.

the joke

it often happens when the party is
going well,
somebody will say, "wait a minute, that
reminds me, I heard this
joke, it will only take a minute and I
promise not to tell
more than one."

he leans forward and begins to tell
it, and this is the worst part because
you know it will not be funny, and even worse
than that, not even plausible, but he goes
on as your stomach feels as if you had
eaten a rotten egg, you reach the punch
line long before he gets to it, then he
finishes,
looks about.

there is silence, no laughter, not even
a smile.

"wait," he says, "don't you get it?"

"I understand," I tell him.

then he leans back, thinks that I
have no sense of humor, have had a
bad day, or that he has overestimated my
intelligence.

he could be right on all counts, I know

la storiella

succede spesso quando un party
fila liscio,
qualcuno dice: "aspettate un attimo,
questo mi ricorda una storiella,
ci vorrà solo un minuto
e prometto di non raccontarne
altre".

si alza in piedi e comincia
a raccontarla, purtroppo sai
che non sarà divertente, peggio
ancora, nemmeno avrà senso,
ma lui procede mentre ti si contrae
lo stomaco come se avessi mangiato
un uovo marcio, arrivi alla battutina finale
prima di lui,
che infine termina,
e si guarda intorno.

silenzio, non una risata,
neppure un sorriso.

"ehi," dice, "non l'avete capita?"

"ho capito," dico io.

si ributta giù, pensa che non ho
senso dell'umorismo, che ho avuto
una giornata storta, o che ha sopravalutato
la mia intelligenza.

magari avrà ragione in pieno, ma io so

that I often watch famous comedians
who make millions tell awful jokes
while the audience roars with
appreciation and across the nation
numberless others join in from their
living rooms
as I sit there and think, this
stuff is bad, very bad, there's
little doubt about
it.

yet some drunk sits in a room
with me
and is offended because I
don't roll on the rug
when he lays a
dead egg that makes even
the gods
cringe.

but they are never offended
enough not to return
and toss in a new joke as bad
as the first, or worse,
returning to the first,
having forgotten the previous
agony.

in all my decades of joke-
listening.
I've only heard one that is
worthwhile,
it goes like this –
no wait, I've forgotten
it.

you're
lucky.

che mi capita di vedere in tivù comici famosi
che fanno milioni raccontando storielle penose
mentre il pubblico in sala esplode
in applausi e da un capo all'altro della nazione
innumerevoli altri si uniscono al battimani
dai loro salotti
mentre io guardo perplesso pensando:
questa roba è uno schifo,
decisamente uno schifo,
senza ombra di dubbio.

eppure uno sbronzo sedutomi
a fianco
si offende perché
non rotolo sul tappeto dal ridere
quando lui depone
un uovo così marcio
da far spavento
al cielo.

ma non si offendono mai tanto
da non ritornare
con una nuova storiella
pessima quanto la prima,
o peggio, ritornare con la stessa
di prima,
dimentichi dell'agonia
precedente.

in decenni di ascolta-storie
ne ho sentita solo una
che vale ripetere,
fa così –
no aspettate, l'ho
scordata.

siete
fortunati.

Glasgow

do you mean in Scotland? he
asked.
I'm going to send some poems
there, I said.
you mean they have magazines
there? he asked.
yes, I answered,
writers and magazines
are everywhere, even your mother
is a writer and her ass is big and beautiful.
now wait a minute, he said.
I waited a minute.
I can take you, he said.
where? I asked.
all the way out, he said.
there's nothing between us but space,
I said, and if you want to close that
space, that's up to you.
you've got a big mouth, he said.
and your mother's got a great ass, I said.
why do you keep talking about my mother's ass?
he asked.
because that's all I see when I see her, I
answered.
they don't want your stuff in Scotland, he
said, they won't like it and I don't like it
either.

we were sitting at a table at the beach
on a windy Tuesday afternoon
and drinking green beer.
we were both writers but he wasn't as

Glasgow

vuoi dire in Scozia?
domandò.
invierò laggiù qualche
poesia, dissi.
vuoi dire che laggiù
hanno riviste di poesia? domandò.
riviste e scrittori
sono dappertutto, persino tua madre
scrive e il suo culo è bello e grosso.
ehi aspetta un attimo, disse.
aspettai l'attimo.
te la faccio vedere io, disse.
cosa mi fai vedere? domandai.
come ci si comporta, disse.
ciascuno si comporta come crede,
dissi, e se ti credi un maestro di comportamento,
dimostramelo.
hai la lingua troppo lunga, disse.
e tua madre ha un gran bel culo, dissi io.
perché non la smetti di parlare del culo di mia madre?
disse.
perché è la prima cosa che vedo quando la guardo,
risposi.
non la vogliono la tua roba in Scozia,
disse, non gli piacerà e non piace
neanche a me.

eravamo a un tavolo sulla spiaggia
un ventoso martedì pomeriggio
a bere birra chiara.
scrittori entrambi ma lui

*good a writer as I was and it pissed him
off.*

*then his mother walked back to our
table and then she sat down with us.
she had been to the lady's room.*

*Mary, I told her, I'm going to send some
poems to Scotland.*

order me another beer, she said.

*I got the waiter's eye, he came over
and I ordered 3 more beers.*

*Mary spit on the floor and then
lit a cigarette.*

*Mary, I said, did anybody tell you
that you have beautiful eyes?
they glow like beacons in the
fog.*

yeah? she said.

*Mom, said the other writer, don't
believe anything he says.*

but I do, she said.

*Mary, I said, you've also got a
very beautiful ass.*

*and you've got a face like a
hyena, she said.*

thank you, Mary.

*it was a windy useless afternoon,
the seagulls were starving and
angry, they circled,
squawking, landing on the*

non buono quanto me e gli stava sul
cazzo.

poi sua madre tornò
al tavolo e sedette con noi.
era stata alla toilette.

Mary, le dissi, mando qualche poesia
in Scozia.

ordinami un'altra birra, fece lei.

richiamai l'attenzione del cameriere,
venne e ordinai 3 birre.

Mary sputò per terra
e poi accese una sigaretta.

Mary, dissi, ti ha mai detto nessuno
che hai dei begli occhi?
brillano come fari
nella nebbia.

assì? disse lei.

mà, disse l'altro scrittore,
non credere niente di quello che dice.

ma io ci credo, disse lei.

Mary, dissi, hai anche
un gran bel culo.

e tu hai la faccia
di una iena, disse lei.

grazie, Mary.

era un inutile pomeriggio ventoso,
i gabbiani erano voraci
e furiosi, volavano in cerchio,
strillando, atterrando

sand, picking up uneatable
bits and then tossing them away, rising
again, flying, terribly beautiful
in an unreal sort of way and I
had half a chicken sandwich left,
I hurled it out the window and
the birds went for it, and the sea
kept pounding and the fish kept
swimming and we sat there with
our shoes on and our clothes on
and I was a
better writer than he but
that didn't take much and it didn't
really matter.
then Mary spilled her beer in her
lap,
got up and brushed herself off
with a napkin
and then I saw all that ass
again
as the waves roared and
I sat there with my biggest
hard-on since
1968.

sulla sabbia, raccogliendo rifiuti
immangiabili e poi gettandoli via,
tornando su, volteggiando, belli
in modo irreale
e io tirai dalla finestra
il mezzo panino che avevo lasciato sul piatto,
e gli uccelli ci si buttarono sopra,
e il mare continuava a brontolare
e i pesci a nuotare
e noi sedevamo lì
vestiti da capo a piedi
e io ero lo scrittore migliore
ma non ci voleva molto
e non importava molto.
quindi Mary si rovesciò
addosso la birra,
s'alzò per ripulirsi
col tovagliolo
così rividi il suo
magnifico culone
e mentre ruggivano le onde
mi venne la più grande erezione
dal '68
in poi.

owl

I saw an owl tonight.
I saw my first owl tonight.
he was sitting high on the phone pole.
my wife shined a light upon him.
he didn't move.
he just sat there
illuminated,
his eyes shining back.

my first owl.
my San Pedro owl.

then the phone rang.

we went inside.
it was somebody who wanted to
talk.
then they were finished.

we went outside and the owl
was gone.

damn the lonely people

I may never see an owl
again.

gufo

stanotte ho visto un gufo.
stanotte ho visto il mio primo gufo.
era in cima a un palo del telefono.
mia moglie lo ha illuminato con la pila.
non s'è mosso.
se ne stava lì
beato,
riflessi di luce negli occhi.

il mio primo gufo.
il mio gufo di San Pedro.

poi è suonato il telefono.

siamo andati dentro.
era qualcuno che voleva
parlare.
poi ha finito.

siamo tornati fuori e il gufo
era scomparso.

accidenti a chi si sente solo.

magari non vedrò più un gufo
in vita mia.

Dostoevsky

against the wall, the firing squad ready.
then he got a reprieve.
suppose they had shot Dostoevsky?
before he wrote all that?
I suppose it wouldn't have
mattered
not directly.
there are billions of people who have
never read him and never
will.
but as a young man I know that he
got me through the factories,
past the whores,
lifted me high through the night
and put me down
in a better
place.
even while in the bar
drinking with the other
derelicts,
I was glad they gave Dostoevsky a
reprieve,
it gave me one,
allowed me to look directly at those
rancid faces
in my world,
death pointing its finger,
I held fast,
an immaculate drunk
sharing the stinking dark with
my
brothers.

Dostoevskij

contro il muro, il plotone d'esecuzione pronto.
poi hanno sospeso la pena.
supponiamo che avessero fucilato Dostoevskij.
prima che scrivesse tutto quello che ha scritto.
suppongo che non sarebbe
cambiato niente,
non direttamente.
ci sono miliardi di uomini
che non l'hanno letto e mai
lo leggeranno.
ma da giovane è lui che mi ha fatto
sopportare la fabbrica,
andar oltre le puttane,
sollevandomi al cielo
per depormi
in un posto
migliore.
anche mentre ero al bar
a ubriacarmi con altri
derelitti,
ero contento che avessero
sospeso la pena a Dostoevskij,
lui ha sospeso la mia,
mi ha consentito di vedere con chiarezza
le facce rancide
del mio mondo,
la morte che punta il dito.
ho tenuto duro,
ubriacone immacolato
a braccetto
con i miei fratelli
nella notte ripugnante.

my computer

"what?" they say, "you got a
computer?"

it's like I have sold out to
the enemy.

I had no idea so many
people were prejudiced
against
computers.

even two editors have
written me letters about
the computer.

one disparaged the
computer in a mild and
superior way.
the other seemed
genuinely
pissed.

I am aware that a
computer can't create
a poem.
but neither can a
typewriter.

yet, still, once or
twice a week
I hear:
"what?

il mio computer

"cosa?" dicono, "hai preso
un *computer*?"

è come se fossi passato
al nemico.

non avevo idea
di quanta gente
abbia pregiudizi
sul computer.

persino due editori
mi hanno scritto
per dargli addosso.

uno ha denigrato
il computer con un blando
tono di superiorità.
l'altro sembrava
seriamente
incazzato.

mi rendo conto
che un computer non può creare
poesia.
ma nemmeno
la macchina da scrivere.

ciononostante,
una o due volte alla settimana
ricomincia:
"cosa?

you have a
computer?
you?"

yes, I do
and I sit up here
almost every
night,
sometimes with
beer or
wine,
sometimes
without
and I work the
computer.
the damn thing
even corrects
my spelling.

and the poems
come flying
out,
better than
ever.

I have no
idea what causes
all this
computer
prejudice.

me?
I want to go
the next step
beyond the
computer.
I'm sure it's
there.

and when I get
it,
they'll say,

hai
un *computer*?
tu?"

sì, ce l'ho
e sto su
quasi ogni notte,
qualche volta
con birra
o vino,
qualche volta
senza,
a lavorare
al computer.
il dannato aggeggio
mi corregge persino
l'ortografia.

e le poesie
volano
fuori,
migliori
che mai.

non capisco
la causa
del pregiudizio.

fosse per me,
sono pronto a fare
il passo successivo
oltre
il computer.
sono certo
che verrà.

e quando
verrà,
diranno:

"hey, you hear,
Chinaski got a
space-biter!"

"what?"

"yes, it's true!"

"I can't believe
it!"

and I'll also have
some beer or
some wine
or maybe nothing
at all
and I'll be
85 years old
driving it home
to
you and me
and to the little girl
who lost her
sheep.
or her
computer.

"ehi, sentite,
Chinaski ha preso
un *mordi-spazio*!"

"cosa?"

"sì, è vero!"

"non posso
crederci!"

e anche allora avrò
birra
o vino
o forse un bel
niente
e
a 85 anni
lo metterò ancora dentro,
per voi e per me
e per la ragazzina
che ha perso
una pecora.
o
un computer.

thanks to the computer

you write a bad poem and you just
press the "delete" key and watch the
lines vanish as if they had never been,
no ripping pages out of the typer,
balling them up and tossing them into the
wastebasket.

the older I get the more I delete.
I mean, if I see nothing in a work, what
will the reader see?

and the computer screen is a tough judge,
the words sit and look back at you,
with the typewriter you don't see them
until you pull out the
page.

also, the keyboard on a computer is
more efficient than that on the
typer, with the computer the thoughts
leap more quickly from your mind to your
fingers, to the screen.

is this boring?
probably.
but I won't delete it because it isn't boring
me.

I am in **love** *with* THIS
MACHINE

see what it can **do**

grazie, computer

scrivi una brutta poesia e ti basta
premere il tasto "cancella" e le righe
svaniscono come se non fossero esistite,
senza bisogno di strappare fogli dal rullo,
accartocciarli e tirarli
nel cestino.

più invecchio più cancello.
dico, se non vedo io qualcosa in una poesia,
cosa ci vedrà il lettore?

e lo schermo del computer è un duro giudice,
le parole ti fissano immobili,
con la macchina da scrivere non le vedi
fino a che non tiri fuori
la pagina.

inoltre, la tastiera di un computer
è più efficiente, i pensieri
balzano più rapidi dalla mente
alle dita,
allo schermo.

vi sto annoiando?
probabilmente.
ma non lo cancello perché non annoia
me.

sono innamorato di questo
affare

guardate cosa può fare

now let's get back to
work.

e ora torniamo a
lavorare.

the house next door makes me
sad.
both man and wife rise early and
go to work.
they arrive home in early evening.
they have a young boy and a girl.
by 9 p.m. all the lights in the house
are out.
the next morning both man and
wife rise early again and go to
work.
they return in early evening.
by 9 p.m. all the lights are
out.

the house next door makes me
sad.
the people are nice people, I
like them.

but I feel them drowning.
and I can't save them.

they are surviving.
they are not
homeless.

but the price is
terrible.

sometimes during the day
I will look at the house

sicurezza

la casa dei vicini
mi rattrista.
marito e moglie si alzano presto
e vanno al lavoro.
tornano a casa nel tardo pomeriggio.
hanno un bambino e una bambina.
alle 9 di sera tutte le luci della casa
si spengono.
il mattino dopo l'uomo e la donna
si alzano di nuovo presto e vanno
al lavoro.
tornano nel tardo pomeriggio.
alle 9 di sera tutte le luci
si spengono.

la casa dei vicini
mi rattrista.
quella gente è brava gente,
mi piacciono.

ma sento che affogano.
e non posso salvarli.

sopravvivono.
non sono dei
senzatetto.

ma il prezzo è
terribile.

a volte durante il giorno
guardo la casa

and the house will look at
me
and the house will
weep, yes, it does, I
feel it.

the house is sad for the people living
there
and I am too
and we look at each other
and cars go up and down the
street,
boats cross the harbor
and the tall palms poke
at the sky
and tonight at 9 p.m.
the lights will go out,
and not only in that
house
and not only in this
city.
safe lives hiding,
almost
stopped,
the breathing of
bodies and little
else.

e la casa guarda
me
e piange,
sì, davvero, la sento
piangere.

la casa è triste
per la gente che ci vive
dentro
e lo sono anch'io
e io e lei ci guardiamo
e auto vanno su e giù
per la strada,
barche attraversano il porto
e gli alti alberi di palma
rovistano il cielo
e stasera alle 9
si spegnerà la luce,
e non solo in quella
casa
e non solo in questa
città.
vite sicure si nascondono,
quasi
si fermano,
corpi che
respirano e poco
d'altro.

3 blacks

it's midway through the card at the
track.
I am standing at a table,
getting my figures ready for the
next race.
I see them approaching,
coming down the
aisle.
the biggest one is
nearest me.
as he walks by
he gives me a bit of
elbow.
they keep walking on.
then the big one turns,
looks back
to see how I will react.
his face is blank as he
looks.
mine is blank.
he turns and walks on.

something about me bothered
him:
white skin.

brother, that's just the way it
is.

you drive a car?

what color is it?

3 neri

all'ippodromo siamo
a metà del programma.
io seduto a un tavolo
faccio i conti
sulla corsa successiva.
li vedo avvicinarsi
lungo il corridoio.
il più grosso
è il più vicino a me.
passandomi davanti
mi dà
di gomito.
tirano dritto.
poi il grosso si gira,
vuol vedere
come reagisco.
mi dà uno sguardo
assente.
il mio è uguale.
si volta e prosegue.

qualcosa in me
lo ha infastidito:
la pelle bianca.

fratello, non posso
farci niente.

guidi una macchina?

di che colore è?

don't blame the
car.

non prendertela
con la macchina.

life like a big tender glove

old guy, small, maybe 67 but his hair is
pure white, it's the best part of him.
he carries coffee in a styrofoam cup.
he is moving toward his seat.
he is known to his seated compatriots.
"what I like about you fellows is you have a
sense of humor."
"screw you, Eddie," one of them answers.
he sits down with them.
"anybody here need a wife?"
"not yours, Eddie."
they are silent then.
it's 15 minutes to post time.
they study their Racing Forms.
all I can see from where I sit is the backs of
their necks, their old coats.
I don't know why but they remind me of
birds on a wire.
they are there 5 days a week.
God Bless America.
I get up and head toward the men's room,
thinking,
guess my father would have never guessed I'd
end up like this:
more stolid than the butcher,
more placid than a waiting deck of
cards,
not a button unbuttoned,
safe from the salt of the grumbling
sun.
yea, yea, yea.

la vita è un guantone morbido

un vecchio, basso, avrà un 67 anni,
capelli bianchi candidi, sono la sua parte migliore.
in mano ha un caffè in una tazza di plastica.
sta andando al suo posto.
i compari lo aspettano.
"ciò che mi piace di voi ragazzi
è il senso dell'umorismo."
"fanculo, Eddie," risponde uno.
siede con loro.
"qualcuno ha bisogno di una moglie?"
"non della tua, Eddie."
poi tacciono.
15 minuti alla partenza.
studiano il programma.
da dove siedo vedo solo
il retro dei colli, i loro vecchi cappotti.
non so perché ma mi ricordano
uccelli appollaiati.
vengono qui 5 giorni alla settimana.
Dio Benedica l'America.
mi tiro su e vado alla toilette,
pensando:
scommetto che mio padre non avrebbe mai immaginato
di vedermi finire così,
più imperturbabile di un macellaio,
più placido di un mazzo di carte
nuovo,
non un bottone slacciato,
libero dal sale del sole
brontolante.
sì, sì, sì.

the old guy in the piano bar

doesn't know how bad he is in that
white tablecloth place,
he's probably a relative of the
owner
and he sits at the piano and bangs
out
in the most obvious tired
manner
Jerome Kern or Scott Joplin
or Gershwin
and nobody ever applauds or
requests a tune,
they are into chewing or
conversation.

I don't feel sorry for him
and he doesn't feel sorry
for me
and part of his job is to
greet you when you
enter
looking up from his
keys
and to say
good night as you
exit
while still banging at
his keys.

but I do have a
fantasy
sometimes while
sitting at my table:

un vecchio al piano bar

lui non lo sa
di stonare col locale,
sospetto sia un parente
del padrone,
sta lì seduto al pianoforte
a strimpellare stancamente
Jerome Kern o Scott Joplin
o Gershwin
e mai nessuno applaude
o richiede un motivetto,
preferendo masticare
e conversare.

non mi fa pena
e io non faccio pena
a lui
e parte del suo mestiere
è darti il benvenuto
alzando lo sguardo
dai tasti
quando entri
e dire
buonanotte
quando esci
continuando a strimpellare
su quel piano.

però
una fantasia ce l'ho
certe volte mentre
siedo al tavolo.

I see it all:
a stranger in a dark
overcoat,
fedora pulled
low over his
eyes
reaches into the
overcoat
and out comes a
.45
and he fires four
shots,
two into the piano
and two into the
player.
then it is silent.
the man rises slowly,
walks out and is
gone.

and the people
keep on talking and
laughing and drinking
and chewing
and the waiter walks
up and asks me,
"is everything all
right, sir?"

and I answer,
"everything is
beautiful."

"thank you, sir,"
he says and
walks off
as approaching
us
through the night is
the sound of a
siren.

funziona così:
uno sconosciuto
in cappotto scuro,
fedora
calata
sugli occhi,
infila la mano
in una tasca
estrae
una colt 45
e spara quattro
colpi,
due sul piano
e due
sul pianista.
poi torna silenzio.
l'uomo si alza lentamente
imbuca la porta
e scompare.

e la gente
prosegue a chiacchierare
ridere
bere
masticare
e un cameriere
viene a chiedere:
"va tutto bene,
signore?"

e io rispondo:
"una
meraviglia".

"bene, signore,"
dice
e si allontana
mentre la notte
ci trasmette
il suono
di una sirena.

nights and years

the days of hell arrive on schedule,
ahead of schedule.
and the nights of hell.
and the years of hell.

hell gnawing away like a rat
in your belly.

hell inside.
hell outside.

these poor words,
tossed into hell,
punched silly, sent
running.

I walk outside into the
night,
look up.
even the palm trees shriek
in agony.

the world is being pounded
by a senseless
force.

I go inside, shut the
door.

at this machine,
I write these words for
nobody.

per sempre notte

i giorni d'inferno giungono puntuali,
anzi in anticipo,
e pure le notti d'inferno
e gli anni d'inferno.

inferno che rode come un topo
nella pancia.

inferno fuori.
inferno dentro.

queste povere parole
gettate all'inferno,
tempestate invano,
spedite chissà dove.

esco a passeggiare
nella notte,
guardo in su,
persino le palme stridono
in agonia.

il mondo viene martellato
da una forza
insensata.

torno in casa,
sbatto l'uscio.

torno alla mia macchina,
scrivo queste parole
per nessuno.

the sun is dead.
the day is dead,
the living are dead.

only hell lives
on.

il sole è morto,
il giorno è morto,
l'uomo è morto.

solo l'inferno
vive.

quiet in a quiet night

I can feel myself getting fat, old and
stupid.
I wheeze putting on my shoes.
I am no longer sure if I have years
left, months left, weeks left,
days left
or if the last minute is arrowing
in.
no matter.
this bottle of 1983
Saint-Emilion Grand Cru Classé
still rings the damned gong,
at least I've avoided sitting around
with the other old farts
sorting out unprecious
memories
the young are no help either,
they are shining mirrors without
reflection.

death sits in the chair across from
me and watches.
death sees but has no eyes.
death knows but has no mind.

we often sit together in the night.
death has one move left.
I have none.

this is an excellent wine.
it connects me with infinity.

mi rendo conto che divento grasso,
vecchio e rimbambito.
ansimo allacciando le scarpe.
non sono più sicuro degli anni,
mesi, settimane, giorni
che mi restano
o se l'ultimo minuto sta per centrare
il bersaglio.
non importa.
questa bottiglia di
Saint-Emilion Grand Cru Classé
1983
fa ancora squillare il maledetto gong,
perlomeno ho evitato di perder tempo
con altre scoregge ammuffite
rivangando ricordi
banali
né ti soccorrono i giovani,
specchi scintillanti
ma senza riflesso.

nella poltrona di fronte alla mia
siede la morte e osserva.
la morte guarda ma non ha occhi,
la morte sa ma non ha cervello.

passiamo spesso la notte assieme.
alla morte rimane una mossa.
a me nessuna.

questo vino è eccellente.
mi collega con l'infinito.

a man without wine is like a fish without
water,
a bird without wings.

wine runs in the blood of the tiger
and me.
death is inferior
to this.
it can only win an obvious
victory.

death gets out of the chair and
stands behind
me.

it is a beautiful night.

I reach down and pull a long hair
from my forearm.
I touch it to my cigarette and watch
it sizzle away.

I am ripe.
the trees outside are silent.
there is no more,
no less.

un uomo senza vino è come un pesce
senz'acqua,
un uccello senz'ali.

il vino scorre nel sangue della tigre
e nel mio.
la morte non gli tiene
testa.
può vincere solo quando non c'è
partita.

la morte si solleva dalla sedia
e mi viene
vicino.

è una notte stupenda.

allungo una mano
strappo un pelo dal braccio
lo brucio con la sigaretta
lo guardo sfrigolare.

sono maturo.
fuori gli alberi tacciono.
non c'è niente di più,
niente di meno.

a little cafe on 6th street

went in about 1:30 p.m.
ordered the turkey sandwich
on wheat plus some
decaf,
opened the paper and
waited.

two men to my left
talking:
"well, I wasn't going to
say *anything* but I looked at
your haircut and I saw
something was
wrong..."

"yeah, I was watching her
in the mirror and I thought,
'hey, what's she doing?'"

"I noticed it right
away...

you should have said
something..."

they went on talking about
the haircut and I went on
reading.

the sandwich and decaf
arrived with a side order
of

un piccolo caffè sulla Sesta

ci arrivo intorno all'1 e 30 meridiane,
ordino un sandwich di tacchino
con pane integrale più un
decaf,
apro il giornale
e aspetto.

alla mia sinistra parlano
due uomini:
"be', non volevo
dire niente ma da come li ha tagliati
si capisce
che qualcosa
è andato storto..."

"già, la fissavo
dallo specchio e pensavo:
ehi, che fa?"

"me ne sono accorto
subito..."

"potevi
dirmelo..."

continuano a parlare
di capelli e io continuo
a leggere.

sandwich e decaf
arrivano con un'insalatina

slaw and I began
eating.

"she should have taken more
off the left side..."

"yeah, yeah, she's always given
me a good cut before..."

"yeah, I mean, it doesn't look
bad but somehow it doesn't look
right, you
know?"

"I know... I might not go
back..."

then
one of the men
asked for some
cherry pie:

"I really like their
cherry pie..."

"me too...!"

I finished my meal
left the tip
got up and walked to the
cash register near the
door.

the men were into their
cherry pies:

"I wasn't going to say
anything, it's really not a
big thing, you know... but
I thought I'd better tell
you..."

di contorno e comincio
a mangiare.

"è a sinistra che doveva tagliarli
più corti..."

"e dire che prima mi aveva sempre
soddisfatto..."

"sì, dico, non che sia un disastro
ma c'è proprio
qualcosa che non va,
vero?"

"vero... magari non ci torno
più..."

poi
uno dei due
chiede della
torta di ciliegie:

"mi piace proprio
la torta di ciliegie..."

"pure a me!..."

finisco il pasto,
lascio la mancia
mi alzo e vado
alla cassa vicino
alla porta.

i due erano alle prese
con la torta:

"non volevo neanche
dirtelo, mica ti ha
rovinato, sai... ma
poi ho pensato che facevo meglio
a dirtelo..."

"oh, I knew..."

*"it'll grow out, you'll
be all right..."*

*"when it does, I don't think
I'm going back..."*

*"it's not that bad, it's
just..."*

*I paid and walked outside
and my car was there and
I got in and drove away
but I had to stop for a red
light
at Pacific
and
the turkey-on-wheat and
the slaw and the
decaf
huddled and bucked in
my stomach*

*and as I got the green light
I thought
I might not
go back there
either.*

"lo sapevo anche da me..."

"ricresceranno, non è
un problema..."

"sì, ma non penso
di tornarci..."

"non è terribile, è
solo che..."

pago ed esco
l'auto mi aspettava
monto in macchina
filo via
ma devo fermarmi
a un semaforo
su Pacific
e il tacchino col pane integrale
e l'insalatina
e il decaf
s'accalcano e sobbalzano
nello stomaco.

e quando viene il verde
penso
di non tornarci più
neanch'io.

death in the modern age

I am writing a novel now and one way or
the other I have lost 4 chapters in this
computer.
now like everything else
this isn't such an important thing
unless it happens to
you.

like driving the freeway
you might see three or four cars
crashed and smoking
but the effect is only momentary.
in a few moments you are thinking
about something
else.

like you'll read this poem and
think, too bad, well, he lost 4
chapters
but couldn't he have written a
poem about
reaming some whore in a
motel room
instead?

pain seeks each individual
separately
and that's where hell
begins
stays
festers
celebrates

la morte ai tempi nostri

stavo scrivendo un romanzo e chissà
come il computer s'è mangiato
4 capitoli.
certo come tutto il resto
questa non è una cosa tanto importante
a meno che capiti
a te.

come quando guidi in autostrada
e vedi tre o quattro auto
accartocciate e fumanti
ma l'effetto è momentaneo.
in un attimo
stai già pensando
ad altro.

come quando uno legge questi versi
e pensa: peccato, ha perso
4 capitoli,
ma non era meglio se scriveva
una poesia
su una qualche sborata
con una puttana
in un motel?

ciascuno incontra
il dolore a modo suo
ed è così che l'inferno
comincia
permane
imputridisce
celebra

its
greatness.

now.

la sua
grandezza.

ora.

too hot

I am here courtesy of life,
sitting tonight, stiff-necked, weary;
95 degrees now
the cats will not come in,
there is no gunfire in the streets,
this whole town is roasting its ass,
the devils in Hell are sweaty;
there is screwing only in air-
conditioned rooms.
one a.m.,
no sleep, no dreams, and
the music from the radio limps
through the air.
even the dismally lonely forget to
phone.
that's the only good part of
this.
oh, there are other decent
parts:
at least the surgeon's knife is
not at work.
the flies zoom through the
fettered space
and there's no need to
continue writing this dripping
wet poem.
right?
right.

bollore

sto ancora qui per grazia ricevuta,
sera, stufo di tutto, col torcicollo,
seduto alla macchina da scrivere.
temperatura 35 gradi,
i miei gatti scomparsi,
niente sparatorie nelle strade,
la città intera s'arrostisce il culo,
i diavoli sudano all'inferno;
si scopa solo
nelle camere ad aria condizionata.
una del mattino,
il sonno non arriva, i sogni nemmeno,
la musica della radio
galleggia sospesa.
persino i solitari senza speranza
rinunciano a telefonare.
che è l'unica
buona notizia.
no, ce ne sono anche
altre:
perlomeno non è in azione
il bisturi del chirurgo.
le mosche ronzano
nell'aria impastata
e non è necessario
continuare a scrivere
questa umida poesia
sgocciolante.
giusto?
giusto.

the last song

driving the freeway while
listening to the Country and Western boys
sing about a broken heart
and the honkytonk blues,
it seems that things just don't work
most of the time
and when they do it will be for a
short time
only.
well, that's not news.
nothing's news.
it's the same old thing in
disguise.
only one thing comes without a
disguise and you only see it
once, or
maybe never.
like getting hit by a freight
train.
makes us realize that all our
moaning about long lost girls
in gingham dresses
is not so important
after
all.

l'ultima canzone

guidi in autostrada
ascoltando menestrelli country-western
cantare di cuori spezzati
e blues per campagnoli,
il messaggio è che il più delle volte
le cose non vanno
e quando vanno
durerà
poco.
ebbene, non è una novità.
niente è una novità.
è la solita vecchia verità
mascherata.
solo una cosa non si presenta
in maschera
e si mostra
una volta sola,
o neanche una.
per esempio se finisci
sotto un treno.
meglio comprendere che tutti
i piagnistei su ex fidanzate
in abitini di percalle
non sono così importanti
dopo
tutto.

reunion

the cat sprayed in my
computer
and knocked it
out.

now I'm back to the
old
typer.

it's
tougher.
it can handle
cat spray, spilled beer
and wine,
cigarette and
cigar ashes,
damned near
anything.

reminds me of
myself.

welcome back,
old boy,
from the
old boy.

rimpatriata

il gatto m'ha spruzzato
il computer
e lo ha messo
ko.

così rieccomi
alla mia vecchia
macchina da scrivere.

è più
resistente.
sopporta
piscio di gatto,
birra o vino
rovesciati,
cenere di sigaro
e sigaretta,
praticamente ogni cazzo
di cosa.

mi ricorda
me stesso.

bentornata
vecchia mia,
dal vecchio
tuo.

disgusting

I've got this large plastic floater with headrest
and I get onto it
and float about the pool
looking up at the tall majesty of the trees
through the unclear California air
I paddle about searching for
different views.
some of my cats
sitting at the edge of the pool,
stare,
thinking that I have gone
crazy.
maybe I have.
they are used to seeing me
sleeping or
at the computer
they don't mind
that.
but this?
have I turned into a
fish?
or what?

I flip off my floating bed,
sink down into the blue
pool;
rise up,
swim to the
edge.

I climb out,
walk toward my

disgustoso

ho un bel materassino col poggiatesta
ci monto sopra
e galleggio in piscina
guardando in su verso la maestosità degli alberi
nell'aria fosca della California
smanazzando per aggiustare
la visuale.
qualcuno dei miei gatti
seduto sul bordo della piscina
mi fissa,
pensando che devo essere
impazzito.
forse è così.
sono abituati a vedermi
addormentato
o al computer,
quello lo
capiscono.
ma questo?
mi son tramutato
in un pesce?
o che?

scivolo giù dal letto galleggiante,
sprofondo nel blu
della piscina,
riesco,
nuoto fino
al bordo.

salgo fuori,
piglio

towel.

dinner soon
and the boxing matches on
tv,
later a bottle of
cabernet.

it's so nice, this
road to
hell.

l'asciugamano.

tra non molto la cena
e la boxe
in tivù,
più tardi una bottiglia
di cabernet.

mica male,
la strada
per l'inferno.

Bach, come back

sitting in this old chair, listening to Bach,
the music splashes across me, refreshing, delightful.
I need it, tonight I feel like a man who has come back
from the same old war, death in life,
as my guts say not again, not again, to have fought
so hard for what?
too often, the only escape is sleep.
Bach saves me, momentarily.

so often I hear my father laughing, the dead laughter
of the father who seldom laughed in life
is laughing now.
then I hear him speak: "You haven't escaped me.
I appear in new forms and work at you through
them.
I'm going to make sure that hell never stops for
you."

then Bach is back.
Bach couldn't you have been my father?
nonetheless, you make my hell
bearable.

I have come back from suicide, the park bench, it was a
good fight
but my father is still in the world,
he gets very close at times
and suicide creeps back into my brain,
sits there, sits there.

Bach, ritorna

seduto in una vecchia sedia, ascolto Bach,
la musica mi inonda, rigenerante, deliziosa.
ne ho bisogno, stasera mi sento come un uomo
ritornato ancora una volta dalla guerra,
la solita guerra contro la morte annidata nella vita,
e l'istinto mi dice: basta, basta, per cosa
hai combattuto così tanto?
troppo spesso, il sonno è la sola via di fuga.
ma mi salva Bach, occasionalmente.

sempre più spesso odo la risata di mio padre, risata
                                        mortifera
di un padre che raramente ha riso in vita sua
ma adesso ride.
poi parla: "non mi sei sfuggito.
sotto sembianze nuove ti riappaio
e ti corrodo.
farò in modo che per te
l'inferno non abbia mai fine".

poi Bach ritorna.
Bach, non potevi essere tu mio padre?
in ogni modo, sei tu che mi rendi l'inferno
sopportabile.

ho sconfitto la tentazione del suicidio,
la panchina del senzatetto,
è stata una bella lotta,
ma mio padre è ancora lì,
qualche volta vicinissimo,
e il suicidio mi sguscia di nuovo nel cervello,
e aspetta lì, aspetta lì.

as old as I have gotten,
there is still now no peace,
no place,
and it has been months since I,
myself, have laughed.

now Bach has stopped
and I sit in this old chair.
old man, old chair.

I still have the walls, I still have my
death to do.
I am alone but not lonely.

we all expect more than there
is.

I sit in undershirt, striped pants, slippers.

hell has a head, hell has feet and a mouth,
hell has hair and nostrils,
hell curves down and encircles me
and I think of bridges, windows,
buildings, sidewalks,
last New Year's Eve,
an eyeball in the sand,
the dogs, the dogs, running in this
room now,
eight of them,
nine of them,
many of them,
coming closer and closer,
I watch them,
I wait,
old in my slippers,
something cutting through me,
the dark night humming and
no laughter,
no laughter
ever
again.

vecchio come sono,
non mi do ancora pace,
resto irrequieto,
e saranno mesi che io,
proprio io, non rido.

ora Bach s'interrompe
e io siedo nella vecchia sedia.
vecchio uomo, vecchia sedia.

ho ancora pareti da scalare,
ha ancora una morte da morire.
sono solo ma non provo solitudine.

ci aspettiamo tutti
più di quel che c'è.

siedo in canottiera, brache del pigiama, pantofole.

l'inferno ha una testa, l'inferno ha bocca e piedi,
l'inferno ha capelli e narici,
l'inferno si china e mi abbraccia
e io penso a ponti, finestre,
edifici, marciapiedi,
lo scorso Capodanno,
un bulbo oculare nella sabbia,
cani, cani, che ora scorrazzano
nella stanza,
sono in otto,
in nove,
in tanti,
sempre più vicini,
li guardo,
li aspetto,
vecchio in pantofole,
una lama che mi taglia,
il mormorio della notte scura
e nessuna allegria
mai
più
nessuna allegria.

the modern life

just lost another poem in this
computer.
I don't believe it was
immortal.
neither was this day
or night.
not when all you
can remember
is the 4 horse breaking
through the gate
and spilling the jock
in the yellow silks
as the man
in front of you
bit into a hotdog
like a mongrel
dog
as the market went
down
and Van Gogh
up.

tempi moderni

appena perduta un'altra poesia
nel computer.
non direi che fosse
immortale.
nemmeno lo sono
questo giorno
e stanotte.
non quando
tutto quello che ti viene in mente
è il cavallo numero 4
sulla linea del traguardo
che disarciona il fantino
in casacca gialla
e l'uomo di fronte
addenta un hot-dog
come un cane
bastardo
mentre la Borsa
scende
e Van Gogh
sale.

mailbag

a schizophrenic
in Dallas
writes me about his
problems:
he
hears voices,
he's
hooked on
Beckett,
also his shrink
makes him
sit too long
in the waiting
room.

he's supported
by his
mother
and he follows
women's
softball.

also he recently
won
2nd prize
in a chili
cook-off.

you ought to come
to Austin,
he writes,
you'd love

corrispondenza

uno schizofrenico
di Dallas
mi scrive dei suoi
problemi:
sente delle
voci,
è innamorato
di Beckett,
e inoltre
lo strizzacervelli
lo fa attendere troppo
in sala
d'aspetto.

viene mantenuto
dalla madre
e gli piace
il baseball
femminile.

infine ha recentemente
vinto
il secondo premio
in un concorso
di cucina.

lei dovrebbe venire
ad Austin, Texas,
mi scrive,
Austin

Austin.

I file his letter
in with the
other letters
from schizophrenics.

I've been to
Austin.

le piacerebbe.

archivio la sua lettera
nella cartella
della corrispondenza
con gli schizofrenici.

ad Austin
ci sono già stato.

self-invited

well, strap my ass on backwards, phone China,
run the birds off the wire,
buy a painting of a red dove and remember
Herbert Hoover.
what I am trying to say is that 6 nights out of the
last 8 there have been visitors, all self-invited, and
like my wife says, "we don't want to hurt their feelings."
so we have sat and listened to them, some
famous and some not so, some fairly bright
and entertaining, some not so
but it all ends up as chatter, chatter, chatter, voices,
voices, voices, a polite heady whirl of sound and
there's a loneliness there: they all want to be accepted
in one way or another,
they want to be listened to, and that's understandable but
I am one of those human beings who would rather sit quietly
with my wife and 6 cats (or I like to sit upstairs alone
doing nothing).
the idea is that I am selfish and that people
diminish me; the longer I sit and listen to them
the more empty I feel but I don't get
the idea that they feel empty, I feel
that they enjoy the sound from their
mouths.

and when they leave almost all make a little gesture
toward a future visit.
my wife is nice, makes them feel warm as they exit, she's
a good soul, so good a soul that when, say, we eat out and
choose a table she takes a seat where she can "see the
people" and I take a seat where I can't.

auto-invitati

e va bene, mettimi le mutande al contrario, telefona in Cina,
fai volar via gli uccelli,
compra un quadro di una colomba rossa e ricordati
di Herbet Hoover.
quel che cerco di dire è che 6 delle ultime
8 sere abbiamo avuto ospiti, tutti auto-invitati,
e come dice mia moglie: "non vogliamo farli restar male".
sicché ci sediamo e li ascoltiamo, certuni famosi
e certuni mica tanto, certuni piuttosto svegli
e divertenti, certuni mica tanto
ma finisce tutto in chiacchiera, chiacchiera, chiacchiera,
parole, parole, parole, un garbato mulinello di suoni
che rivela innanzi tutto solitudine: in un modo o nell'altro
chiedono tutti di essere accettati,
di essere ascoltati, e ciò è comprensibile,
ma io sono uno di quelli che preferirebbe
starsene tranquillo a casa con la moglie e i suoi 6 gatti
(o di sopra da solo a fare niente).
l'impressione è che sia un egoista
e mi senta sminuito dalla gente
ma non ho l'impressione che loro
si sentano vuoti, ho l'impressione
che li diletti il movimento
delle loro bocche.

e quando se ne vanno quasi tutti accennano
a un'altra visitina.
mia moglie è carina, li saluta con calore,
ha un cuore d'oro, così d'oro che quando, che so,
andiamo al ristorante e scegliamo un tavolo
lei prende il posto da cui si può "veder la gente"
e io quello da cui non è possibile.

all right, so I was forged by the devil: all
humankind disinterests me and no, it's not fear although
certain things about them are fearful, and it's not
competition because I don't want
anything that they want, it's just that
in all those hours of
voices voices voices
I hear nothing either essentially kind or daring or noble,
and not the least bit worth all the time shot through
the head.

you can remember when you used to run them out into the
night instead of letting them wind themselves
down,
those with their lonely wish for company, and you are
ashamed of yourself for putting up with their mostly pure
crap
but otherwise your wife would say
"do you think that you are the only person living on
earth?"

you see, that's where the devil's got
me.

so I listen and they are
fulfilled.

d'accordo, sono un figlio del demonio;
l'intera umanità mi annoia e no, non è
paura, sebbene qualcosa in loro mi spaventi,
e non è invidia perché non voglio nulla
di ciò che loro vogliono, è solo che
in tutte quelle ore di
parole parole parole
non sento niente di davvero buono coraggioso o nobile,
e che valga un briciolo del tempo in cui mi hanno
                                     impallinato
le cervella.

te lo ricordi quando avevi l'abitudine di buttarli fuori
dalla porta invece di fargli scaricar le batterie
sui tuoi divani,
quei tipi malinconici sempre a caccia di compagnia,
e ti vergogni di te stesso per esserti arreso
alle loro insane fesserie
ma altrimenti tua moglie direbbe:
"pensi di essere forse l'unico essere umano
sulla terra?"

vedete, ecco come il diavolo
mi acchiappa.

perciò io ascolto e loro si sentiranno
realizzati.

old

I see the old men at the racetrack, they are bent, carry
canes, their hands tremble, I ride up the escalators with
them.
we don't speak.
I am older than most of them and I wonder why
the lights are out for them?
do they still hope to win the Pulitzer Prize or to cup the
breasts of young maidens in their
hands?
why don't they just finish and die?
I'm ready to go any damned time, I'll even take them
with me, 2 or 3 of them, or a half-dozen, a dozen:
their wrinkled white skins and their ill-fitting
dentures,
let them stiffen up and clear the space for clean
fresh lightning!
what good to linger?
for the bedpan last chapter?
for the nurse with the television mind, half the weight
of her body in flanks and buttocks?

why honor the old?
it's just the stubbornness of genes, a trick to keep
a void existing.
almost all have lived lives of obedience and
cowardliness.
why not honor the young?
their lives are just beginning to rot.
why honor anybody?
but, please, not the old.

vecchi

vedo i vecchi alle corse, ricurvi, col
bastone, le mani tremolanti, prendiamo
la scala mobile insieme.
non parliamo.
sono più vecchio della maggior parte e mi domando
perché per loro si è spenta la luce?
sperano ancora di vincere il Pulitzer
o di far coppa con le mani
sul seno di giovani fanciulle?
perché non farla finita e morire?
io son pronto ad andarmene in qualsiasi stramaledetto
                                                    momento,
posso anche prenderli con me, 2 o 3, o mezza dozzina, una
                                                    dozzina:
la loro bianca pelle rugosa e le loro dentiere
mal fissate,
che si mettano in riga e si facciano da parte
per denti bianchi e splendenti!
a che pro attardarsi?
per l'ultima pisciata nel vaso?
per l'infermiera teledipendente,
metà del peso corporeo in fianchi e natiche?

perché rispettare gli anziani?
sono un'ostinazione genetica, un trucco
per prolungare il vuoto.
hanno vissuto quasi tutti esistenze
di obbedienza e codardia.
perché non rispettare invece i giovani?
le loro vite cominciano appena a marcire.
perché rispettare chicchessia?
ma in ogni caso, per favore, non i vecchi.

in the next war the old should fight the old
while the young drink and dream and
laugh.

these old fucks
betting two dollars to show
at the racetrack.
it's like being dead and rolling over
in the grave to find a more
comfortable
position.

mandiamo i vecchi a combattere altri vecchi
nella prossima guerra,
lasciando i giovani a bere ridere e sognare.

questi vecchi fottuti
che scommettono due dollari
per venire alle corse.
è come esser morti
e rotolare nella fossa
per trovare una posizione
più comoda.

the young poets

the young comfortable poets send their work to
me,
usually 3 or 4 very short
poems.
some are fairly able,
but they lack the
texture of madness and
gamble,
the inventiveness of the
wild and the
trapped.

there is a comfort there
which
disconcerts.

then there is the work
of the Street Poets.
being on the skids, they
should have some
life advantages, they
should not be debilitated
by
pretense.
but they are full of
it.
most of their output is
about how they are
not
recognized, that the
game is
fixed,

giovani poeti

i giovani poeti agiati
mi spediscono le loro opere,
in genere 3 o 4 brevi
poemetti.
alcuni decisamente abili,
ma gli manca
il peso della pazzia
e dell'azzardo,
l'inventiva
della vita selvaggia
e intrappolata.

trasmettono un'agiatezza
che
sconcerta.

poi ci sono le opere
dei Poeti di Strada.
essendo ai margini,
dovrebbero avere
imparato qualcosa dalla vita,
non farsi
debilitare
dalla pretenziosità.
invece ne sono
pieni.
gran parte della loro produzione
è su come non siano stati
riconosciuti a sufficienza,
sulla partita
che è truccata,

that they are truly
the great
ones
and they go on
about
that, while writing
little of anything
else.

each week
one or two little
packets arrive
from either the
Street Poets or
the comfortable
poets.

kindness does not
work with either
group.

any response to
their work
begets more
work
plus their
long letters
expounding
against the
fates
as if nobody
but themselves
ever had to
deal with
them.

and if you fail to
respond to
that, in most cases,
there will be
subsequent
letters

sul fatto che i grandi
autentici
sono loro
e insistono
su
quello, scrivendo
poco di tutto quanto
il resto.

ogni settimana
arrivano due pacchettini
o dai Poeti di Strada
o dai poeti agiati.

la gentilezza
non funziona
né con gli uni né con gli altri.

qualunque risposta
al loro lavoro
genera ulteriore
lavoro
più
lunghe lettere
blateranti
contro
il destino
come se nessuno
tranne loro
abbia mai
dovuto
farci
i conti.

e se a *quelle*
non rispondi,
quasi sempre
arriveranno
altre
lettere

which rail against
your
inhumanity:
you too are
against them,
and, fuck you,
buddy,
you 've lost
it,
you never had
it,
fuck you!

I am not an
editor.
I never mailed my
work to anybody
but an
editor.
I never read my
work to wives or
girlfriends.

these poets apparently
believe it's all
politics, an in-
game,
that some word
from you
will enable them
to become
renowned and
famous.
and that's what
they
want.
that.
and only
that.

the packets
of poems keep
arriving.

che denunciano
la tua
inumanità:
anche tu sei
contro di loro,
e allora vaffanculo,
amico,
sei fuori,
non ci sei mai
stato,
fottiti!

non sono
un editore.
non ho mai
spedito il mio
lavoro a nessuno
tranne agli
editori.
non l'ho
mai letto
a mogli
o fidanzate.

a quanto pare
questa gente
crede che
dipenda tutto
da una raccomandazione,
che una tua parola
li renderà
celebri
e ammirati.
ed è quello
che
vogliono.
e soltanto
quello.

le buste piene
di poesie
continuano a arrivare.

if I were an editor
I'd have to
reject most of
them.

but I'm not.

I write poems
too.

and when some of
them *come back*
and *I reread them*
I usually feel that
they should *have*
come back.

what you have to do is
dig
in,
beat that keyboard
so that it yells and
sings and laughs so
hard
that the fix gets
unfixed, that the god-
damned miracle
arrives
splashed across the
paper as you get up
and walk across the
room, your head
buzzing, your heart
wanting to fly
through the
ceiling.
it's the best
fight, the last
fight, the only
fight.

se fossi un editore
dovrei rimandarle
al mittente
quasi tutte.

ma non lo sono.

scrivo poesie
anch'io.

e quando torna al mittente
qualcuna delle mie
e le rileggo
di solito mi sembra
che per l'appunto dovessero
tornare.

ciò che dovete fare
è scavare,
picchiare su quei tasti
finché non gridano
e cantano e ridono
così forte
che l'imbroglio
si sbroglia,
che spiaccicato sul foglio
si compie
il dannato miracolo
e tu ti alzi,
attraversi la stanza,
ti ronza la testa,
il cuore
vuole
volare
attraverso
il soffitto.
è la battaglia più bella,
l'ultima battaglia,
l'unica
battaglia.

Belfast

writing a letter to Belfast
to somebody who reads my
books.

somehow it seems odd to
write a letter to
Belfast
but everything is odd
these days
very
like writing books
or sitting here
in striped pants and
slippers at
12:30 a.m.
without even
thinking
as my young wife is
out somewhere
enjoying herself
as young wives
should
do.

Belfast

mando una lettera a Belfast
a qualcuno che legge
i miei libri.

non so perché ma mi sembra
curioso
scrivere a qualcuno di Belfast
ma al giorno d'oggi
tutto è curioso
molto
come fare lo scrittore
o sedere qui
in pigiama
e pantofole
a mezzanotte e mezza
senza nemmeno
un pensiero
mentre la mia giovane moglie
è andata da qualche parte
a divertirsi
come è dovere
delle giovani mogli.

the dream

I continually have dreams of being lost, of asking directions
but the people I ask have an indefinite way about them, or
they act as if they would rather not be bothered
but finally one of them will give me confusing
and misleading directions.
I follow the directions but they lead
nowhere: strange hills and curling freeways, and I
have no idea where I am.
at times I will be walking, at other times I will
be driving my car
or finally I will lose my car and then I
will ask other indefinite and misleading
people
where is my car?
and they will give me vague answers,
they won't say, we don't know where your car is, they will
pretend that it is not missing or they will refuse to tell me
where it is.

then I will give up on the car, I want only to return
to where I live but the people I ask will give me more
unreal directions
until I finally give up on them.

I walk and walk along, it is always broad daylight, just
before
noon but as I walk I do not recognize any of my
surroundings.
the air seems very bright and clear but it also seems
somehow false
as I walk and walk along.

224

il sogno

sogno continuamente di essermi perduto,
di chiedere indicazioni
ma quelli a cui chiedo hanno contorni imprecisi,
o reagiscono come chi non vuol esser disturbato,
ma alla fine uno mi dà indicazioni
confuse e fuorvianti.
le seguo ma conducono
a nulla: strane colline e riccioli di autostrade,
e non ho idea di dove sono.
a volte cammino, altre volte
guido la macchina
finché non perdo anche la macchina
e chiedo ad altri individui sfuggenti
e ingannevoli:
dov'è la mia auto?
e mi danno risposte vaghe,
non possiamo dirtelo, non sappiamo dove sia,
fingono che io non l'abbia perduta
o rifiutano di dirmi dov'è finita.

poi rinuncio alla macchina, voglio solo tornare
nel posto in cui vivo ma la gente a cui chiedo
continua a darmi
astratte indicazioni
finché non rinuncio anche a queste.

cammino e cammino, sempre in pieno giorno, intorno
al mezzodì ma procedendo non riconosco nulla
di quello che mi circonda.
l'aria sembra pulita e lucente ma anche falsa
in un certo qual modo
mentre cammino e cammino.

when I awaken I feel much
better, of course.
I know where I am, here is the bed, the walls,
here is my wife in bed next to me.
and I think, well, there it was, the same
dream.
over and over again.

I get up and go to the bathroom, look in the mirror,
scratch myself, come back out.

and then, strangely enough, in a short while the dream is
                                                    almost
forgotten.

al risveglio
mi sento naturalmente molto meglio.
so dove sono, ecco il letto, le pareti,
mia moglie sdraiata al mio fianco.
e penso: accidenti, di nuovo,
lo stesso sogno.
sempre lo stesso sogno.

mi alzo e vado in bagno, guardo allo specchio,
mi gratto, torno in camera da letto.

e poi, per quanto sembri strano, dopo poco il sogno
l'ho quasi scordato.

returning to an old love

well, here the computer is down again for
the count and I am back with the good old IBM electric.
it really doesn't matter as long as I have something
to get the word down with.
I get physically and mentally ill when I am
locked away from the
word,
and at least the IBM –
this machine – doesn't suddenly gulp pages
and pages of words
that you have celebrated the hours with,
words that vanish
forever.

this machine is slow but safe
and I welcome it back like the good friend it still
is.

I hope that it forgives me
and arranges more good luck for me.

now it's balking a bit,
looking me over.

come on baby, I say,
do it.
do it again.

I'm sorry about that whore,
you warned me about her

ritorno a un vecchio amore

ebbene sì, il computer è di nuovo
in panne e io sono di nuovo
con la mia vecchia macchina da scrivere.
non fa davvero differenza
mi basta avere qualcosa con cui buttare fuori
le parole.
quando sono separato dalle parole
divento fisicamente e mentalmente malato
e almeno questa macchina,
questa IBM elettrica,
non inghiotte all'improvviso
pagine e pagine di parole
con cui tu hai festeggiato per ore,
parole ora svanite
nel nulla.

questa macchina è lenta ma sicura
e le do il bentornato come
a una cara amica.

spero mi perdoni
e crei per me nuove fortune.

ora recalcitra un tantino,
mi lancia un'occhiataccia.

avanti piccola, dico,
fallo.
fallo un'altra volta.

perdonami per quella troia,
mi avevi avvertito che era così

but I wouldn't listen.

now we're back together.
come on, baby,
do it
again.

be a lady
tonight.

ma non t'ho ascoltata.

adesso siamo di nuovo insieme
avanti, piccola,
fallo
ancora.

sii una vera donna
stasera.

cool fur

one of our fattest
cats
CRANEY
sleeps on his back
just about
anywhere
his legs sticking up
into the air.

he knows that we will
never step on
him
but doesn't know
how nervously
and incompletely we
humans
sleep.

and live.

pelo figo

uno dei nostri
gatti più grassi
CRANEY
dorme sulla schiena
un po' dovunque
le gambe stiracchiate
all'insù.

sa che mai
lo calpesteremo
ma non sa
come
incompleto e nervoso
sia degli umani
il sonno.

e il vivere.

old?

I'll be 73 in August,
almost time to pack my bags for a
lark in the dark
but there are two things
holding me back:
I haven't written enough
poems yet
and there's this
old guy who lives in
the house next door.
he's still there and he's
96.
he knocks on his window
with his cane and
blows kisses to my
wife.
he's totally alert,
straight arrow back,
quick on his feet,
he watches too much
tv but don't we
all?

I visit him sometimes.
he talks away,
not bad stuff, he sometimes
tends to repeat himself
but it's almost worth hearing
a second time.

I was sitting with him one

vecchio?

in agosto avrò 73 anni,
quasi ora di fare le valigie
per un salto nel vuoto
ma due cose
mi trattengono:
non ho ancora scritto
abbastanza poesie
e poi il vecchio
che abita nelle casa
di fianco alla mia.
vivo e vegeto,
a 96 anni.
picchia sulla finestra
col bastone
e manda baci
a mia moglie.
capisce tutto,
schiena diritta,
passo svelto,
guarda troppa tivù
ma e noi
allora?

ogni tanto vado a trovarlo,
ciacola
ma non dice cazzate,
tende a ripetersi
un poco
ma vale quasi la pena
di riascoltarlo.

ero da lui

day and he said,
"you know, I'm going to
kick off soon..."

"well," I said, "I don't know
about that."

"I do," he said.
"now look, would you like
to trade for my house?"

"well, yeah, it's a nice place."

"I don't know if you can give me
what I want for it ..."

"well, I don't either, try me."

"well," he said, "I'll trade for a new
set of testicles."

when this guy dies there is
going to be a great big space
that is going to be hard
to fill.

you know what I
mean?

un giorno e ha detto:
"sai, presto
tirerò le cuoia..."

"mah," ho detto io, "non ne sono
così sicuro..."

"io sì," ha detto,
"perciò, che ne diresti
di fare un cambio con casa mia?"

"certo la tua è carina."

"ma non so se puoi darmi
quello che voglio in cambio..."

"dipende, mettimi alla prova."

"be'," ha detto, "vorrei un nuovo
paio di testicoli."

quando morirà il vicino
sarà difficile riempire
il gran vuoto che lascia.

mi sono
spiegato?

a problem

we met for dinner
at a place near the
harbor.
Paul, his wife,
Tina.
me, my wife,
Sarah.

we finished
dinner.
I suggested
drinks at our
place.

they followed
our BMW *in*
their
Mercedes.

with our drinks
we got into
politics and
religion.
I looked at
Paul and
noticed that
his face had
turned into a
cardboard
face, his
eyes into
marbles.

un problema

c'incontriamo per cena
in un posticino
sul porto.
Paul, sua moglie
Tina,
io, mia moglie
Sarah.

finiamo
di cenare.
suggerisco
un drink
da noi.

seguono
la nostra BMW
sulla loro
Mercedes.

bevendo
discutiamo
di religione
e politica.
fisso
Paul
e m'accorgo
che la faccia
gli è diventata
di cartone,
gli occhi
di marmo.

then I saw
my face
in the mirror
above the
mantle.

I had the
head of an
alligator.

I poured
more
drinks.

the conversation
turned to the
after-life,
abortion and
the Russians.

then somebody
told an
ethnic
joke
and the night
was over.

we walked them
to the
door.
they got into
their Mercedes
and backed out
down the
drive.

we waved
they blinked
their
lights.

poi vedo
la mia faccia
allo specchio
sopra
il caminetto.

ho la testa
di un
alligatore.

verso
altri
drink.

la conversazione
passa
all'aldilà,
all'aborto
e alla Russia.

poi qualcuno
racconta
una barzelletta
razzista
e si conclude
la serata.

li accompagniamo
alla porta.
montano
sulla Mercedes
ed escono in strada
in retromarcia.

noi salutiamo
loro rispondono
lampeggiando.

we went
back
inside.

"I wonder what
they are saying now
about
us?" I
ventured.

"what are we
going to say
about
them?" Sarah
asked.

"nothing," I
answered.

"did you ever
notice?"
she asked.

"what?"

"sometimes you
have
a head
like an
alligator."

"I've noticed."

"we don't have
any friends
at all,"
Sarah
said.

torniamo
dentro.

"mi domando cosa
stanno dicendo
di noi
adesso?"
azzardo.

"cosa diciamo
noi
di loro?"
chiede
Sarah.

"niente,"
rispondo.

"l'avevi mai
notato?"
domanda.

"cosa?"

"talvolta
hai la testa
come
un alligatore."

"l'avevo notato."

"non abbiamo
neanche
un amico,"
dice
Sarah.

taken

Ezra, Celine, Hamsun, Sartre, others
got mixed up with that whore
Politics
and it makes you wonder,
was it bad diet?
bad liquor?
ennui?

couldn't they have just motored
down the coast and stopped off
for a simple lunch?
why assume other roles?
fools run governments, not every-
one can guide the
world.

centuries don't change men,
they only make them seem more
foolish.

those writers, couldn't they have
gone boating?
couldn't they have skipped the
idiot's trap,
the total loss of
sense?

how could they have done so
well
and then so
badly?

fregati

Ezra, Céline, Hamsun, Sartre, altri
finiti a letto con quella puttana
la Politica
e ti viene da chiederti:
colpa della cattiva dieta?
di liquore andato a male?
del tedio?

non potevano farsi
un giretto e mangiare
un panino?
perché recitare un ruolo non tuo?
gli stupidi governano, non tutti
possono guidare
il mondo.

il tempo non cambia gli uomini,
li fa soltanto sembrare
più stupidi.

quegli scrittori, non potevano
farsi un bagno?
non potevano evitare
la trappola degli idioti,
l'assoluta mancanza
di buon senso?

come hanno potuto salire
così in alto
e poi cadere
così in basso?

why exchange a gift from
the gods for a handful of
dung?

such beautiful men
self-castrated
as if they couldn't bear
their grand luck,
retiring to the dumb
dark
before it reached
them.

perché scambiare un dono
degli dei con un pugno
di letame?

uomini così grandi
castratisi da soli
quasi non potessero sopportare
la loro somma fortuna
e ritirarsi in una notte
senza luna
prima che li avvolgesse
il buio.

welcome darkness

the door closes and you
grin at
death.
all pretense is gone
now.
what remains is
the similarity of night
and morning;
the victimization of
time and
space;
the befuddled
proclamations;
the borrowed
assertions;
the righteous
enactments;
the camouflage;
a common
denominator.

the oldest horror
show.

the murder of the
sun.

the last of
life.

buongiorno, tristezza

si chiude la porta e tu
sogghigni
alla morte.
ogni ipocrisia ora
è svanita.
ciò che rimane è
la ripetitività di giorni
e notti;
la vittimizzazione
di tempo
e spazio;
proclami
inciucchiti;
principi
virtuosi;
camuffamenti;
un comune
denominatore.

il più antico horror
show.

l'assassinio
del sole.

la fine
della vita.

Bach

I'm
listening to a work of his
recorded in
1923.
I was 3 years old
then
but Bach was
ageless.

I am soon going
to die
but I feel no
remorse about
this.

Bach and I are
in this
room
together.

his music now
lifts me beyond
pain
and my
pathetic
self-
interest.

Bach, thanks to you,
I have no
living
friends.

ultimo Bach

sto
ascoltando una sua sonata
del 1923.
all'epoca
avevo 3 anni
ma Bach
era eterno.

sto
per morire
ma non ho
rimorsi
al riguardo.

io e Bach siamo
in questa stanza
insieme.

ora la sua musica
mi eleva
al di sopra del dolore
e dei miei
patetici
egoismi.

Bach, ti ringrazio,
non ho
amici
viventi.

great jazz

you keep getting an idea
that something is going
to happen,
you can feel it in the
edge of your
fingernails
it's climbing the
walls
as the jazz group keeps
working,
going from one chorus to
the next,
just sliding, rising,
it's a sweet hustle,
you drink without getting
drunk,
smoke endless
cigarettes at your
corner table.
the energy keeps
building.
smoke, drink and
listen.
the city is here,
the world is
here.
if there's an answer,
it's here.
god damn.
shame to leave
even to piss.
you hold it.

gran jazz

continua a venirti il sospetto
che accadrà
qualcosa,
lo senti
sulla punta
delle dita
s'arrampica
sui muri
mentre la jazz band
continua a darci dentro,
passando da una canzone
all'altra,
su e giù,
una dolce scopata,
tu bevi senza
ubriacarti,
fumi infinite
sigarette nell'angolo buio
del locale.
l'energia continua
a espandersi.
fumo, alcol
e jazz.
tutta la città è qui,
è qui il mondo
intero.
se esiste una risposta,
è qui.
boia d'un dio.
non t'alzi neppure
per pisciare.
la tieni stretta.

*something's going
to happen.
it's like the 20s in
Kansas City.
baby, baby, I'm
going to stay here
forever,
they're going to
have to slide my
bones off this
chair,
it's happening,
it's happening,
at
last, at last, at
last...*

accadrà
qualcosa.
è come gli anni venti
a Kansas City.
baby, baby,
resterò qui
per sempre,
dovranno affettarmi
le ossa
per strapparmi
dalla sedia,
sta accadendo,
accade,
finalmente, finalmente,
finalmente...

a moment

for Wagner the gods of Valhalla also burn in the
flames,
as here tonight
I am sober,
my horse won the last race
as I was driving in on the freeway;
it is the somber time just before
midnight,
Wagner roaring out of the
radio,
I have come to pause
before the agony and the magic
of another man,
long dead,
he's here with me
now,
it's frightening and
wonderful,
then one of my cats walks
in,
looks at me from the
floor
with his glorious
eyes,
he then leaps up on the
desk
and stands before me,
Wagner bouncing
off of him
and I reach out

un attimo

anche gli dei del Valhalla
bruciano nelle fiamme
per Wagner,
mentre stasera
sono sobrio,
il mio cavallo ha vinto l'ultima corsa
intanto che infilavo l'autostrada;
è l'attimo di malinconia
che precede mezzanotte,
Wagner ruggisce fuori
dalla radio,
io m'inchino
all'agonia
e alla magia
di quell'uomo
da tempo defunto,
ora è qui
con me,
spaventoso
e fantastico,
poi s'avvicina
uno dei miei gatti,
mi guarda
di sottecchi
con occhi
gloriosi,
quindi fa un balzo
sulla scrivania
e lì si ferma.
Wagner gli rimbomba
addosso

and touch the cat.

impossible.

io allungo la mano
e lo tocco.

incredibile.

wondrous

all right, lay on the rain.
lay the rain on.
lay it on.
on the roof.
I hear it on the roof.
I know that it soothes
old wounds and
new.
then too,
one always remembers
the times when there
was no roof
and it
rained.
one does not forget
that.

it will rain all this
night
and we will sleep
transfixed by the dark
water
as our blood runs through
our fragile
life.

lay the rain on.

the divine
broth.

portentoso

va bene, spalmaci di pioggia.
spalmaci la pioggia addosso.
spalmala.
sul tetto.
la sento sul tetto.
so che lenisce
ferite vecchie
e nuove.
al tempo stesso,
uno ricorda sempre
quando non aveva
un tetto
e
pioveva.
non lo si dimentica
quello.

pioverà tutta
la notte
e dormiremo
pietrificati dall'acqua
scura
mentre il sangue scorre
attraverso la nostra
fragile vita.

spalmaci la pioggia addosso.

il brodo
divino.

fact

careful poetry
and careful
people
last
only long
enough
to
die
safely.

verità

la poesia prudente
e gli uomini
prudenti
durano
solo lo stretto
necessario
per morire
tranquilli.

there

the centerfielder
turns
rushes back
reaches up his glove
and
snares the
ball,
we are all him for
that moment,
sucking the air
into our
gut.
as the crowd roars like
crazy
we rifle the ball back
through the
miraculous
air.

là

al centro del campo
il difensore fa una giravolta
recupera terreno
allunga il guantone
e cattura
la palla,
per un momento
siamo tutti
con lui,
trattenendo
il fiato
nei polmoni.
mentre la folla esplode
impazzita
spariamo indietro la palla
attraverso
l'aria
miracolosa.

Indice

8   *THE BIG GUY DOESN'T HAVE ME OUT
OF HERE YET*
9   IL GRAND'UOMO NON MI HA
ANCORA FATTO FUORI

10   the new homeless
11   *i nuovi senzatetto*

14   the mail
15   *posta*

18   killing life
19   *sprecare la vita*

20   wait, it will find us
21   *aspetta, e ti troverà*

24   the x-factor
25   *il fattore x*

30   evaluation
31   *esame*

32   the young
33   *i giovani*

36   no return address
37   *non restituire al mittente*

38   yes sirree!
39   *sissignore!*

40 snapshot (1985)
41 *istantanea (1985)*

42 finished?
43 *finito?*

44 the voice of Chinaski
45 *la voce di Chinaski*

48 quotable
49 *citazione*

52 interview
53 *intervista*

56 the lady who looks forever young
57 *la signora che non invecchiava mai*

58 an answer
59 *una risposta*

62 a model
63 *un modello*

64 my companion
65 *la mia compagna*

68 the barometer
69 *il barometro*

74 the rivers
75 *i fiumi*

78 dark, and darker
79 *buio, e buio pesto*

80 the room
81 *la stanza*

84 the two toughest
85 *i due più tosti*

88 the darkening light
89 *si spengono le luci*

90 those good people
91 *anime belle*

94 horse fly
95 *cavallina*

98 night cap
99 *il bicchiere della staffa*

104 action
105 *ciak*

112 playtime
113 *ricreazione*

116 poem for my 71st birthday
117 *poesia per il mio 71esimo compleanno*

120 slow night
121 *buonanotte*

124 the racetrack salutes you!
125 *benvenuti all'ippodromo!*

126 alone
127 *solo*

130 the joke
131 *la storiella*

134 Glasgow
135 *Glasgow*

140 owl
141 *gufo*

142 Dostoevsky
143 *Dostoevskij*

144   my computer
145   *il mio computer*

150   thanks to the computer
151   *grazie, computer*

154   safe
155   *sicurezza*

158   3 blacks
159   *3 neri*

162   life like a big tender glove
163   *la vita è un guantone morbido*

164   the old guy in the piano bar
165   *un vecchio al piano bar*

168   nights and years
169   *per sempre notte*

172   quiet in a quiet night
173   *calmo in una calma notte*

176   a little cafe on 6th street
177   *un piccolo caffè sulla Sesta*

182   death in the modern age
183   *la morte ai tempi nostri*

186   too hot
187   *bollore*

188   the last song
189   *l'ultima canzone*

190   reunion
191   *rimpatriata*

192   disgusting
193   *disgustoso*

196 Bach, come back
197 *Bach, ritorna*

200 the modern life
201 *tempi moderni*

202 mailbag
203 *corrispondenza*

206 self-invited
207 *auto-invitati*

210 old
211 *vecchi*

214 the young poets
215 *giovani poeti*

222 Belfast
223 *Belfast*

224 the dream
225 *il sogno*

228 returning to an old love
229 *ritorno a un vecchio amore*

232 cool fur
233 *pelo figo*

234 old?
235 *vecchio?*

238 a problem
239 *un problema*

244 taken
245 *fregati*

248 welcome darkness
249 *buongiorno, tristezza*

250 Bach
251 *ultimo Bach*

252 great jazz
253 *gran jazz*

256 a moment
257 *un attimo*

260 wondrous
261 *portentoso*

262 fact
263 *verità*

264 there
265 *là*

Stampa Grafica Sipiel - Milano, gennaio 2007